Tuchan o flaen Duw

Dwy bennod o hunangofiant

ALED JONES WILLIAMS

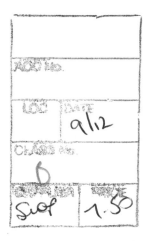

Argraffiad cyntaf: 2012

Diolch am ganiatad i ddyfynnu o *The Writer's Voice*, Al Al Vaarez, © Bloomsbury Publishing Plc.

Rhif rhyngwladol: 978-1-84527-406-1

Mae'r cyhoeddwr yn cydnabod cefnogaeth ariannol
Cyngor Llyfrau Cymru

Cynllun clawr: Tanwen Haf

Cyhoeddwyd gan Wasg Carreg Gwalch,
12 Iard yr Orsaf, Llanrwst, Conwy, LL26 0EH.
Ffôn: 01492 642031 Ffacs: 01492 641502
e-bost: llyfrau@carreg-gwalch.com
lle ar y we: www.carreg-gwalch.com

'Ac oni fedri weddïo, cais duchan o flaen Duw, ond gad
ymaith dy lyfr gweddi oddi allan' –
Gwaedd yng Nghymru yn Wyneb Pob Cydwybod,
Morgan Llwyd

Rhagair

'He said it, she knew, to be contradicted' –
Persuasion, Jane Austen

Math ar gelwydd yn y bôn, wrth gwrs, yw pob hunangofiant. Nid yn fwriadol efallai – er ein bod yn wastad yn chwarae triciau â ni ein hunain – ond drwy ddewis rhai pethau ar draul pethau eraill, mae pob hunangofiannydd yn sensro ei fywyd ei hun. Dywedir un stori yn hytrach na stori arall. Penderfynais i 'ddewis' dau beth: alcoholiaeth a Duw. Dewisais hepgor pethau eraill – y pethau pwysicaf mae'n debyg. Pendronais yn hir cyn ysgrifennu dim heb sôn am ei gyhoeddi.

Mae Morgan Llwyd yn bwysig i mi. Fel ag yr wyf wedi ei wneud ddeudro o'r blaen, dyfyniad o'i waith sy'n rhoi'r teitl.

Cyflwynaf y gyfrol fechan hon i Eifiona Williams, Porthmadog, fy warden i am y rhan helaethaf o'm cyfnod fel ficer y plwyf yno, mewn diolchgarwch enfawr am ei chariad a'i chynhesrwydd – a'i theyrngarwch i un nad oedd yn ei haeddu yn aml.

Aled

7

Tuchan o flaen Duw

ALCOHOLIAETH

'A man who drinks too much on occasion is still the same man as he was sober. An alcoholic, a real alcoholic, is not the same man at all. You can't predict anything about him for sure except that he will be someone you never met before.' – The Long Good-Bye, Raymond Chandler

Yr wyf fi yn caru alcohol. Hi – ac yr yr wyf o hyd wedi 'ei' dirnad drwy'r benywaidd – yw fy nghariad cyntaf. Y mae'r berthynas rhyngom yn un ddifaol, yn un fewnol dreisgar, yn dwyllodrus ac yn y diwedd yn farwol. Ond fel gyda sawl perthynas gyffelyb, dychwelais ati bob tro.

Gwn mai hi yw fy nghariad cyntaf – a chymerodd flynyddoedd cyn y medrwn gyfaddef hyn – oherwydd i mi o hyd ei rhoi o flaen pawb arall. Er pledio a thaeru yn fy meddwdod wrth nifer mai hwy 'oedd yn cyfri', mai hwy oedd yn 'dod gynta' ac y rhoddwn 'y byd er eu mwyn', fe euthum – wedi i mi ddweud y pethau ffals hyn – yn wastad ac yn llechwraidd yn syth yn ôl at y botel i'r cuddfeydd lle roedd a'i drachtio'n ddeheuig iawn. Carwriaeth – wyrgam heb os, ond carwriaeth serch hynny – yw alcoholiaeth. Nid wyf yn disgwyl i neb 'ddeall' hyn ond adict arall. Nid wyf ychwaith yn ddigon ffôl i feddwl na fyddai darn enfawr ohonof, petawn yn medru gwneud hynny yn saff a heb gael fy nal a heb ganlyniadau, yn yfed heddiw a hyd dragwyddoldeb. Dedfryd oes yw gorddibyniaeth ac fe all ddod yn ei ôl pa bryd bynnag y myn. Mae bellach yn rhan annatod o'm gwead. 'Darn enfawr ohonof,' dywedais. Ond y mae tamaid bychan arall, call, llawn iechyd a gobeithion hyderus. A hwnnw yw'r un y ceisiaf bellach ei feithrin a'i ddandwn a rhoi lle iddo brifio. Ar un wedd, babi'n strancio yw'r alcoholig; mae gwella'n golygu dysgu sut i dyfu eto.

O ble y daeth hyn i gyd? Ni wn, yw'r ateb syml ac annigonol. Nid oes gennyf 'esgus' tlodi. Honnir gyda gwirionedd, fe debycaf i, mai cyflwr sy'n deillio o dlodi yw pob gorddibyniaeth. Dywedir bod y mwyafrif o'r rhai sy'n cam-drin alcohol a chyffuriau eraill yn dod o gymunedau tlawd a'r tlodi hwnnw yn lladd gobaith ac yn difa'r posibilrwydd o unrhyw ddyfodol gwerth ei gael. Tlodi yw'r peth gwaethaf a all ddigwydd i unrhyw un. (Y mae i'r llywodraeth bresennol anfon yn llygad-agored filoedd i'r cyflwr ffiaidd hwnnw yn hollol, gwbl wrthun.) O'm profiad i, y tlodion hyn oedd trwch y boblogaeth yn y 'rehabs' (*rehabilitation centres*) y bûm ynddynt. Er nad oedd llawer o arian ar gael yn y ficerdy yn Llanwnda lle'm ganed – cyflog bychan oedd cyflog person plwy' bryd hynny – nid oeddem yn dlawd ac nid oes gennyf gof o gwbl o fynd heb ddim oherwydd dau gariadus oedd fy rhieni, Bob a Megan Williams. Felly sut wyf fi i 'esbonio' fy alcoholiaeth?

Nid oedd alcohol yn bresenoldeb yn ein tŷ ni fel y cyfryw. (Ond a oedd o?) Un gwirod y gwyddwn amdano yn ystod fy mhlentyndod, a sieri oedd hwnnw. Rhoddai ambell un o'r plwyfolion botel yn anrheg i fy rhieni ar y Nadolig; *Emva Cream* oedd enw un, a sieri rhad oedd hwnnw; o dro i dro caent *Harvey's Bristol Cream* – un llawer gwell a drutach. (Clywaf rŵan 'O!' fy nhad wrth i'r botel ddod i'r fei o'r papur lapio ac yntau'n gweld y label *embossed*, aur.) Mewn priodas, pan gâi wahoddiad achlysurol, arferai Mam yfed gwydraid o'r sieri hwn. Mae gennyf un llun ohoni mewn priodas a het galed las, ffelt ar ei phen (roedd Mam yn hoff o hetiau) a golwg reit honco arni. Credai hi mi dybiaf – a hwyrach fod hyn yn goel yn y Gymru Gymraeg yr adeg honno – fod sieri mor wan â phiso dryw a heb fod hanner mor beryg â chwrw. Roedd rhyw gyswllt â safle cymdeithasol ynghlwm â'r syniad hwn hefyd, gan mai caridýms mewn tafarndai oedd yn yfed cwrw. (Y 'cwrw coch' fel y galwai Mam ef.) Oedd, roedd sieri yn fwy sidêt a derbyniol.

Oherwydd bod fy nhad yn dioddef o anemia ('*pernicious*' arferai ychwanegu), dywedodd rhywun wrtho fod wy wedi ei gnocio mewn sieri bob bore yn beth 'da iawn' at yr anhwylder hwnnw. (Tybed ai'r un un 'docdor' a ddywedodd wrth Mam beidio bwyta gormod o bwdin reis gan fod gormod ohono yn medru 'sychu'r gwaed'?) Gwelais y ddefod hon yn cael ei chyflawni'n blygeiniol am flynyddoedd. Llyncai Nhad y cymysgedd ar yr un gwynt â'r geiriau: '*down the hatch.*'

Wrth edrych yn ôl, credaf bellach fod gan fy nhad berthynas 'od' ag alcohol. Arferai tafarnwraig y *Newborough Arms* ym Montnewydd roi'r gwin cymun i'r eglwys. Nid gwin cyffredin ydoedd ond gwin port. Gan mai unwaith y mis yr arferid cymuno yn Eglwys Llanwnda, roedd y port yn para am byth, felly rhyw deirgwaith y flwyddyn yr arferai Nhad fynd i'r Niwbro i'w nôl. (Yn aml tua'r diwedd byddai'r port wedi egru.) Ond bob tro ar ôl dychwelyd dywedai'r 'hanes' ac fel y bu i hwn-a-hwn (un o'r enw Tomos Bach, Bon Marche, fel arfer) ei 'orfodi' i gael un – ie! – sieri, a disgrifiai faint y sieri – 'mi roedd o fel hyn!' arferai ddweud a dangos ei enfawredd yn y gofod rhwng ei fys a'i fawd estynedig, 'Nes o'dd 'y mhen i'n troi,' ychwanegai bob tro. Dro arall, ar ei ymweliadau prynhawn â phlwyfolion, byddai rhywun wedi ei 'orfodi' i gymryd – y tro yma – wisgi ac yma eto dangoswyd y maint â'r bys a'r bawd. 'Ewadd!' fyddai ymateb Mam bob tro, neu weithiau 'O! Bob!'. Darganfûm yn gynnar fod rhyw ddiléit hyd braich yn fy nhad wyneb yn wyneb â'r ddiod. Yn hŷn fel ag yr ydwyf, teimlaf y medrai perthynas fod wedi datblygu rhyngddo ef ac alcohol. Roedd ganddo ddigon o boenau mewnol i adael i hynny ddigwydd. Ond ni ddaeth i fod. Un tro pan oedd yr ymgyrch cau neu agor tafarndai ar y Sul yn ei anterth yn y cwr, canfûm daflen o du'r agorwyr wedi ei glosio gan fy nhad a'r glosau hynny yn bethau dirwestol iawn, yn chwalu eu dadleuon. Felly roedd rhyw ddwy ochr iddo.

Roedd rhywbeth arall yn fy mhlentyndod: y gwin cymun ei hun. Fel y dywedais, anfynych y cymunwyd yn Eglwys Llanwnda. Unwaith y mis, a hynny oedd yr arferiad eglwysig erioed. Peth diweddar iawn yw cymuno bob Sul, a rhywbeth yr oedd fy nhad a phersoniaid eraill o'i genhedlaeth ef yn chwyrn yn ei erbyn. O ganlyniad roedd rhywbeth arbennig iawn am Sul y Cymun, cyfriniol bron. Ac felly'r gwin, wrth gwrs. Nid pawb oedd yn ei gael; roedd yn rhaid mynd drwy ddefod Conffyrmasiwn neu Fedydd Esgob yn un ar bymtheg oed cyn y medrid ei flasu. A chyffwrdd y gwefusau yn unig a wneid ag o, nid ei ddrachtio. Roedd drachtio'n gwbl annerbyniol. Cofiaf Nhad yn mynd yn gandryll un tro efo rhywun a ddisgrifiodd yr hyn a gafodd o'r cwpan fel 'gwerth chwech'. Ond ai gwin oedd o wedi i'r offeiriad ei fendithio? Nage, wrth gwrs! Bu iddo droi yn 'rhywbeth' arall – yn waed yr Arglwydd. Fe'i cedwid dan glo yn y sêff fawr, ddu yn y festri. Clywaf hyd heddiw sŵn allweddi Nhad (ac yr oedd ganddo fwndel o allweddi, rhai ohonynt yn perthyn i'w gyfnod fel curad cynorthwyol Llangeinwen a Llangaffo dros ugain mlynedd ynghynt ac yn agor 'dim byd' bellach) wrth iddo chwilota am yr un allwedd hir, arian a fyddai'n datgloi'r sêff. Clec y clo, yr echelydd yn gwichian ac yno yr oedd hi: potel ddu Mrs Roberts, Niwbro; potel efo corcyn, dim byd mor goman â sgriwdop yr *Emva Cream*. Gwyliwn y ddefod ar nos Sadwrn yng nghwmpeini Nhad a oedd yn paratoi at y Sul: sŵn sugno'r corcyn a'i dop du yn dod o geg y botel, yr hylif dugoch yn gleciadau bychain wrth gael ei arllwys i'r criwet gwydr, glân, sgleiniog – ychydig iawn ohono – a'i arogl tew, cynnes yn llenwi'r festri damp a'm ffroenau innau. Roedd alcohol yn rhywbeth sanctaidd erioed i mi. (Gyda llaw, ar un o'r nosweithiau Sadwrn hyn tynnodd Nhad hen Gofrestr y Gwasanaethau o'r sêff a chan droi ychydig dudalennau meddai: 'Wyt ti'n gwybod pwy ydy hwn?' a minnau'n dilyn enw efo symudiad ei fys. 'Owen Wynne Jones,' atebodd. 'Pwy ydy hwnnw?' holais innau. 'Glasynys,' atebodd. 'O!' ebe fi, yn fawr callach!)

Tybed, oherwydd y pethau hyn i gyd, a'r gwin cymun yn

arbennig – ei achlysuredd a'i ddirgelwch – i mi rhywsut gael fy hudo yn gynnar gan alcohol? Nid ei hollbresenoldeb o gwbl ond ei brinder cudd, swil a chyfareddol. Teimlaf ryw ias wrth ysgrifennu hyn rŵan, naill ai oherwydd fy mod ar y trywydd iawn neu, wrth gwrs, am fy mod yn alcoholig yn ysgrifennu am alcohol ac felly yn 'yfed' y geiriau! Ni all alcoholig fyth fod yn sicr o'i gymhellion.

Ta waeth, deunaw oed oeddwn i pan ddechreuais yfed go iawn (roeddwn yn 'hen' o'i gymharu ag alcoholigion eraill y gwn amdanynt) a hynny yn ystod wythnos y glas ym mhrifysgol Bangor. Yn y sdiwdants iwniyn yr oeddwn i pan ofynnodd hogan oedd yn yr ysgol efo fi be liciwn i i'w yfed. Gwyddwn nad orenjiws neu gôc a olygai. Felly atebais 'Peint!'. 'Peint o be?' holodd fi'n hurt yr olwg. Ni wyddwn. Ond diolch i'r drefn cofiais yn sydyn am hysbyseb ar y pryd ar ein teledu du a gwyn gartref a honnai fod *Double Diamond* yn *'works wonders'*. *'Double Diamond!'* meddwn innau. Daeth yn ôl yn y man efo'r stwff du, cyfoglyd ei arogl. Cymerodd hydion i mi ei yfed. Hyd y dydd heddiw dda gen i mo ogla alcohol na'i flas. Mae arogl wisgi yn troi arnaf. Nid wyf erioed wedi medru gwahaniaethu'n iawn rhwng ogla cwrw ac ogla cyfog. Mae rhai pobl yn medru – meddan nhw. Nid oes dim yn mynd dan fy nghroen yn fwy na chonysŷrs gwinoedd a cholofnau gwin mewn cylchgronau: y bobl sy'n sôn am *bouquet* gwin a blas y ffrwythau a'r pridd sy'n llechu rhywle yn ei grombil. Arferion ymhongar y dosbarth canol ydynt i mi. Pwnc trafod mewn rhyw *dinner party* ar yn ail â 'thrafod' helbulon Palesteina a llenyddiaeth Gymraeg. *Proof* yr wyf fi'n chwilio amdano a pho uchaf y *proof*, gorau'n y byd a waeth befo o ba le y daw: y Dordogne neu Ddinorwig, na beth bynnag yw ei flas boed *'a fragrance o French summers with a hint of…'* neu biso cath. Effaith y *Double Diamond* a gariodd y dydd y noson honno, fy wythnos gyntaf yn y brifysgol. Naw wfft i'w flas.

O'r noson honno ymlaen roedd alcohol wedi cydio ynof. 'Cydio' yn yr ystyr o fedru newid fy nheimladau. Gallai droi tristwch yn llawenydd, anhapusrwydd yn hapusrwydd, iselder yn iwfforia, diflastod yn fwrlwm, swildod yn hyder. Nid i mi droi yn yfwr 'trwm' wedi'r noson honno nac yn yfwr dyddiol. Dim o gwbl. Yn raddol a chyda'r blynyddoedd y cynyddodd maint yr yfed a'r gallu 'anhygoel' i 'ddal y ddiod' ys dywedir. Ond ar y noson allweddol honno, er nad oeddwn yn 'gwybod' hynny ar y pryd, roedd alcohol a fi wedi canfod ein gilydd a byddem o'r awr honno yn anwahanadwy.

Fodd bynnag, wrth edrych yn ôl rŵan, digwyddodd 'nodau' alcoholiaeth yn bur fuan ynof – o fewn mis ddywedwn i bellach: yr arferiad o yfed ar fy mhen fy hun yn llechwraidd yn nhafarndai strydoedd cefn Bangor yn gynnar gyda'r nos a neb yno ond fi oedd un; yfed siorts oherwydd bod yr effaith yn gynt – rỳm a blac i chi gael gwybod – oedd y llall. Wedyn, y diffyg amynedd â'r rhai oedd yn yfed yn 'araf' – yn sipian yn hytrach na llyncu; yr 'edrych ymlaen' at gael mynd i'r tŷ tafarn a'r diffyg amynedd eto fyth â'r rhai oedd yn chwilio am eu cotiau cyn mynd allan. A'r mwyaf ohonynt i gyd, wrth reswm, y gwadu fy mod yn yfed o gwbl wrth y rhai a oedd yn fy adnabod yn dda. Fy rhieni yn bennaf. Gartref yn ystod gwyliau coleg ni fyddwn yn yfed dim. Ond – a hyn oedd y peth – teimlwn y golled. A rhywbeth arall hefyd – y cywilyddio mewnol a'r euogrwydd parhaol sy'n nodweddu pob adict. Y nos Sul cyntaf ym Mangor meddwais am y tro cyntaf erioed mewn parti yn y Church Hostel, fel y gelwid y Gaplaniaeth Anglicanaidd bryd hynny. Treuliais y bore Llun canlynol yn y Gadeirlan yn llawn cywilydd. Ond ni fu i mi erioed fedru amgyffred ar y pryd y gwahaniaeth syfrdanol rhwng yr hogyn bach, a dyna oeddwn, a ddaeth o Lanwnda ychydig dyddiau ynghynt a'r 'myfyriwr' a gyrhaeddodd Bangor, a dim ond rhyw un filltir ar bymtheg rhwng y ddeule. Fe'm dychrynir gan hyn heddiw. Efallai bod fy nghrebwyll wedi aeddfedu ond yr oedd fy nheimladau o hyd yn eu clytiau. Wyddwn i mo hynny.

A dyna, wrth gwrs, yw alcoholiaeth: 'afiechyd' y teimladau ydyw, er nad wyf yn derbyn alcoholiaeth fel 'afiechyd'. Nid wyf yn hoff o'r gair 'alcoholiaeth' hyd yn oed gan fod hynny'n rhoi iddo arlliw a siâp afiechyd. Dewis ydyw, nid afiechyd fel y mae clefyd y galon neu gansar neu sgitsoffrenia yn afiechydon. Dyna pam nad wyf yn un o selogion Alcoholigion Anhysbys (AA), gan fod derbyn 'alcoholiaeth' fel afiechyd yn un o'u credoau sylfaenol ac anhepgorol.

Ffurf ar feio fyddai galw fy nibyniaeth i ar alcohol yn afiechyd. Hynny yw, os yw'r 'afiechyd' hwn gennyf yna medraf esgusodi fy hun a'm patrymau byw. Rhywsut gall y syniad o 'afiechyd' roddi i mi'r 'esgusion' y mae pob alcoholig ac adict arall yn eu deisyfu er mwyn 'cyfiawnhau' eu hymarweddiadau. 'Does gen i mo'r help!' gallaf ei ddweud. Myfi fy hun a myfi yn unig oedd achos fy alcoholiaeth. Rwy'n hollol glir o hynny. Nid wyf yn chwilio am gydymdeimlad neb. Gwir yw dweud, unwaith y mae'r ddiod o fy mewn collaf reolaeth yn llwyr arnaf i fy hun a phob 'dewis' yn sgil hynny. Dywedaf a gwnaf bethau na feiddiwn i mo'u dweud na'u gwneud ynghynt. (Y mae rhai alcoholiaid yn dyrnu â'u dyrnau. Waldiwr â geiriau oeddwn i.) Felly mae'n gyflwr. Ond y fi sy'n rhoi'r ddiod ynof fy hun gyntaf. Mae'n ddewis. Nid oes neb yn 'gosod' celloedd cansar ynddo ef ei ei hun. Hwyrach y meddyliaf nad oes ffordd arall. Ond y mae! Bob tro! A sylweddoli hynny yw achubiaeth unrhyw adict. Newid ei feddwl a phrosesau'r ymennydd. Nid oes raid i mi fod fel hyn.

Yn waelodol ni all yr alcoholig ddygymod â dau beth: teimladau yw'r naill (a'r pwysicaf) a straen yw'r llall – y ddeubeth yn aml yn gorgyffwrdd â'i gilydd. Pobl

17

groendenau ddifrifol ydym. Hyd y dydd heddiw ni allaf ddygymod â theimlo'n anhapus a'm greddf yw ei 'feddyginiaethu' ymaith â 'ffisig' alcohol. Ond pwy eill ddygymod ag anhapusrwydd? Pwy ar wyneb daear duw sydd am honni ei fod ef neu hi yn ddedwydd mewn anhapusrwydd? Mynd drwy'r anhapusrwydd a wna'r mwyafrif, ceisio ei ddeall, dirnad ei wreiddiau a'i achos, a geill hynny – fel arfer y mae! – fod yn daith hir a phoenus. Cael gwared ag o mewn chwinciad a wna'r alcoholig ac yn syth bin efo jin neu fodca. Pobl sy'n chwilio am 'short-cyts' emosiynol ydym. Byr iawn yw parhad teimladau ar y cyfan (gallaf fod yn hapus ac yn anhapus fel ei gilydd o fewn eiliadau), ond y mae'r alcoholig yn grediniol eu bod yn bethau 'tragwyddol'.

Nid wyf fawr gwell efo teimladau 'da' ychwaith. Teimlaf nad ydynt yn 'wir' neu na ddylwn eu 'cael'; nad wyf yn eu haeddu rhywsut. Pe canmola dri un o fy ngweithiau ac un ei feirniadu, yna ar yr 'un' hwnnw y gwrandawaf. Ef neu hi sydd yn 'iawn'! Dweud 'celwydd' neu fod yn 'neis' y mae'r lleill. Dymuniad adict yw cael gwared â theimladau yn gyfan gwbl, pob un ohonynt, y rhai 'dymunol' a'r rhai 'annymunol' fel ei gilydd. Ebargofiant teimladol yw ei wir gyrchfan. '*Beneath it all, desire of oblivion runs,*' ys dywedodd y bardd Philip Larkin mewn cyd-destun gwahanol. Oherwydd nad wyf fi o ddim gwerth. A dyna nodwedd fawr sy'n perthyn i bob alcoholig: y 'gwybod' hwnnw nad ydynt o unrhyw werth. Nid oes gennym feddwl digonol ohonom ein hunain. Geill alcoholiaeth ymddangos fel penllanw egotistiaeth ond pobl *heb* ego ydym yn y bôn. 'Y gwter yw fy lle' yw arwyddair cêl pob un ohonom ac nid oes dim byd gwell i fynd â ni i'r gwter gwbl haeddiannol honno nag alcohol. Pobl drist ydym ond anodd drybeilig i gydymdeimlo â ni. Twyllwyr ydym. A chelwyddgwn. Crëwn lanast ym mha le bynnag y canfyddwn ein hunain ynddo: llanast mewn teulu, llanast mewn eglwys, llanast mewn cymuned, llanast mewn llanast hyd yn oed. Mae'r celwydd a'r twyll yn ail natur i ni, os nad mewn gwirionedd ein natur cyntaf. Mi wnawn unrhyw beth i gael gafael ar ddiod. Dyfeisiwn y strategau mwyaf creadigol er mwyn ei ganfod. Mae angen dychymyg i fod yn adict. Mae ambell i adict yn artist gwyrdroëdig. Nid oeddwn i ychwaith yn gwbl amddifad o dalent.

A phan ddaw unrhyw straen i'n bywydau, cythrwn am y botel yn syth er mwyn cael ei wared. Ni ddaw i'n crebwyll sut i'w leihau neu roi'r ffidil yn y to a chyfaddef bod y sefyllfa – beth bynnag ydyw – yn drech na ni, hyd yn oed os yw hynny'n golygu colli enw da neu lai o gyflog. Does dim dwywaith i mi aros yn yr Eglwys am yn rhy hir o lawer – dwy flynedd ar hugain yn rhy hir – a chyfnodau o blith y blynyddoedd hynny yn rhai difrifol o anhapus ac unig o'i mewn. Ond dewisais yn hytrach yfed fy ffordd ohoni. Ffolineb ar ben ffolineb.

Soniais am greadigrwydd. Mae rhai wedi fy holi a oedd yfed rhywsut yn miniogi fy nghreadigrwydd, yn wir, yn ei greu ac ar yr un gwynt yn rhaffu enwau megis Dylan Thomas, William Faulkner, Tennesse Williams, John Berryman a Ceiriog. Nid oes awydd ynof dreulio fawr o amser ar dwpdra'r 'dyfaliad' hwn. Yr ateb yn syml yw: nag oedd! Dinistrio'r ymennydd a wna alcohol ac felly ddifa'r dychymyg. Y mae brafado'r 'llenorion meddw' yn fy ngwneud i'n gandryll gan roi'r argraff rhywsut fod creadigrwydd a meddwdod rhywfodd yn cyd-fynd â'i gilydd. Nid oes yr un bardd na llenor wedi ysgrifennu na cherdd na pharagraff o unrhyw werth yn ei ddiod. Mi ddyffeia' i nhw i ddweud yn wahanol. Y mae cyfrifoldeb arnom ni lenorion i ddweud hynny'n glir. Y mae gennyf fi 'lyfrau' yn y tŷ hwn a 'ysgrifennais' yng nghyfnodau fy alcoholiaeth, a darllenaf hwy o bryd i bryd er mwyn fy atgoffa fy hun o'r cyfnod hwnnw. Profiad poenus yw'r darllen; bydd yn fy llenwi o hyd ag embaras ac yn aml yn peri imi wylo. (Weithiau ni allwn ddal beiro ac y mae fy ysgrifen yn gwbl annealladwy.) Ar y pryd meddyliwn nad oedd Charles Dickens hyd yn oed wedi ysgrifennu pethau cystal a bod y *Booker* o fewn fy nghyrraedd. (Yn Saesneg yr ysgrifennwn gyda llaw oherwydd, mae'n rhaid, mai Cymraeg oedd 'iaith' fy alcoholiaeth ac mai clais Cymreictod, rhywfodd, ydoedd ac nad oedd yn y Saesneg, fy iaith arall, yr un un gwewyr.) A dyna nodwedd arall o alcoholiaeth: hunan-dwyll. Fe wêl yr alcoholig athrylith; fel wêl pawb arall hulpyn. Samuel Johnson a ddywedodd: '*Wine makes a man mistake words for thoughts.*' Byddaf yn aml yn darllen y paragraff hwn o lyfr ardderchog Al Alvarez, *The Writer's Voice*:

> *Berryman once remarked, in a* Paris Review *interview, 'The artist is extremely lucky who is presented with the worst possible ordeal which will not actually kill him. At that point, he's in business.' This sounds like the old Romantic Agony buttressed by mid-twentieth-century theories: a theory of existentialist aesthetics and a simplified psychoanalytic theory of the therapeutic relationship of art to life. If you think about this kind of statement, then remember how Berryman died, how Sylvia Plath died, how Anne Sexton died – all of them passionately believing that this was how the game was played – you have to conclude that no poetry, however fine, is worth the cost.*

Wedi dweud hyn i gyd, yr wyf finnau hefyd wedi syrthio i'r fagl gan gredu na fyddwn yn medru ysgrifennu dim byd o gwbl pe na bai y nam hwn arnaf: y byddai'r geiriau'n cloffi oni bai fod cloffter mwy ynof fi.

Ond sut y deuthum i yn raddol at fy nghoed? Cymerodd flynyddoedd.

Wrth adolygu un o'm dramâu, maentumiodd un beirniad fy mod wedi 'brwydro' alcohol drwy'r rhan fwyaf o'm bywyd. Ffieiddiais at yr haeriad, mi gofiaf. Ni fu cynifer â hynny o flynyddoedd, tybiais, gan geisio 'mochel rhag y gwir. Ond yr oedd o *yn* dweud y gwir. Dyfrig Jones, golygydd *Barn* ar y pryd ydoedd, mi gredaf.

Pe gofynnai unrhyw un i mi beth a ddysgais yng Ngholeg Diwinyddol Mihangel Sant, Llandaf, yna dysgu yfed rêl boi fyddai'r ateb. Rwy'n casáu Caerdydd hyd y dydd heddiw. Pan euthum yn gurad cynorthwyol i blwyf Conwy – fe'm hordeiniwyd ar y 30ain o Fehefin, 1979 – â'r ficer yno yn yfwr trwm ei hun, yr oeddwn yn fynychwr cyson y *Castle* a'r *Liverpool Arms*. Ychydig fisoedd cyn gadael Conwy am blwyf Llanrug a Chwm y Glo – fy narlun o uffern yw Cwm y Glo ar fore Sul a mwg o'r simneiau yn disgyn yn ôl i'r pentref – digwyddodd rhywbeth a ddylai fod wedi fy rhybuddio. Cyn un gwasanaeth cymerais ddracht go fawr o'r gwin cymun yn y festri ar fy mhen fy hun. Ni allwn wynebu'r gynulleidfa. Yn Llanrug roedd hynny'n arferiad cyson. Tref Seisnigaidd oedd Conwy felly nid oedd fawr o dwt-twtio o weld y ficer a'i gurad yn pwyso ar y bar. Gwahanol iawn oedd Llanrug. Ni feiddiwn ymddangos yn y dafarn leol. Byddai'r Cymry yn gwgu. Felly dechreuodd y prynu poteli'n slei a'r yfed ar fy mhen fy hun cyn mynd allan i ymweld, cyn cyfarfodydd, cyn gwasanaethau. Medraf fod yn onest heddiw – roeddwn yn casáu fy swydd. Nid oedd hi'n swydd i ddyn ieuanc chwech ar hugain oed y byddai'n rhaid ychwanegu o leiaf chwarter canrif a mwy o flynyddoedd ar ben ei oedran ef cyn medru cyrraedd cyfartaledd oedran ei gynulleidfa ar y Sul. Roeddwn yn teimlo'n hen. Yr oedd brwydr barhaol rhwng 'Aled' a'r 'Ficer' a wisgai'r enw hwnnw. Yr hyn a bontiai'r ddau yn aml oedd alcohol. Dyna, efallai, un o'i brif 'swyddogaethau': yr ymgais i gysoni'r darnau gwasgaredig o'r adict sydd yn hanfodol yn amhosibl i'w cysoni. 'Toddwr' dros dro gororau ydyw.

Darllenais lyfrau ac erthyglau yn yr Enseiclopedia Britanica ar 'alcoholiaeth' yn slei bach yn y llyfrgell gyhoeddus yng Nghaernarfon. (Roedd popeth yn 'slei bach'.) Yr oedd pob un o'r symptomau yn fy meddiant: y cryndod yn y dwylo, yr ysictod ben bore, poen yn fy iau, yfed er mwyn cael gwared ag effeithiau yfed ei hun, y paranoia a'r panic-atacs, y chwysu yn y nos, y blacowts – methu cofio be'n union yr oeddwn i wedi ei ddweud na'i wneud yn gynharach, ofn ofn ei hun. Ni wyddwn i ba le i droi. Ond fel pob adict daeth yr hunan-dwyll i'm 'cynorthwyo' a darbwyllais fy hun nad oedd dim o'i le. Swm a sylwedd y 'darbwyllo', wrth gwrs, oedd yfed mwy i anghofio. Roedd rhai 'sibrydion' ar led ond dim byd 'mawr' – dybiwn i! Y gwirionedd oedd fod pobl yn gwybod llawer mwy nag a feddyliwn. Gwyddai fy rhieni yn iawn. Ond fel sawl un sy'n agos at alcoholigion, maent hwythau hefyd yn twyllo eu hunain. Mae'r cyflwr yn un sy'n heintio teulu a'r iach yn magu'r un tueddiadau â'r un afiach. Dechreuais golli gwasanaethau ond yn 'ffodus' i mi, fy nhad oedd yn gyfrifol am lenwi'r Suliau gyda darllenwyr lleyg ac felly bu ymgais 'lwyddiannus' i enhuddo'r llanast a oedd yn prysur ddatblygu.

Ond man gwyn man draw. A dyna nodwedd arall i alcoholiaeth: ffeirio lle am mai 'yma' y mae'r anhawster, nid yn 'fan'cw'. (Mae'n gyflwr peripatetig iawn!) Ceisiais am blwyf Machynlleth a Llanwrin – plwyf allweddol yn ne esgobaeth Bangor – a'i gael! Er mawr syndod i mi. Yn y cyfweliad â'r esgob ar y pryd yr oedd fy llaw yn crynu gymaint wrth roi siwgwr yn fy nhe fel yr ymdebygai i storm fechan o eira hyd y bwrdd rhyngom. Ni welodd yr esgob na'r storm siwgwr na'r storm fewnol ynof. Euthum i dafarn yr *Albert* yng Nghaernarfon i 'ddathlu'r' penodiad. Yn ei ddirgelion y mae pob adict yn crefu am i rywun ei rwystro a'i gadw draw o'i gyffur. Ond nid oedd neb ar y pryd yn fodlon ymyrryd.

Trychineb oedd Machynlleth. Yno y bu Nhad yn gurad cynorthwyol flynyddoedd ynghynt. Yno y'm cenhedlwyd ond mai yn Llanwnda y'm ganed, ar y 27ain o Orffennaf, 1956. Roedd nifer yno yn fy nghofio'n hogyn bach. Bu chwaer i mi farw yno ychydig oriau wedi ei genedigaeth. Edrychai'r ficerdy ar y fynwent lle y'i claddwyd ond nid oedd carreg ar ei bedd. Doedd fy rhieni ddim yn sicr iawn lle'n union yr oedd y bedd. Daeth yn obsesiwn gennyf gael hyd iddi a rhoi carreg arni. Dangosodd fy nhad dwmpath bychan glaswelltog i mi. 'Fan hyn dwi'n meddwl,' meddai.

Tybed a fu i mi, ym mhenllanw fy alcoholiaeth, roi fy llaw mewn twll anferth ynof fi fy hun gan deimlo ei wacter di-ben-draw a cheisio ei lenwi efo chwaer farw na wyddwn ddim amdani ond ei henw – Bethan – 'yr hogan fach' fel y galwai fy rhieni hi, hwythau ychwaith yn sôn dim amdani ond crybwyll yn awr ac yn y man, weithiau, dros eu hysgwyddau, yn nyddiau fy mhlentyndod, na chafodd Mam ei gweld erioed ac nad oedd Nhad yno ar awr ei genedigaeth?

Yr oeddwn yn yfed yn gyson o fore gwyn tan nos a rhywsut yn ceisio cadw fy hun wrth fy ngilydd. Prynais gi. 'Rwdlan' a roddais yn enw arni. Rwdlan a Rwdlyn efo'i gilydd. Gwyddai hi'r cwbl, wrth gwrs. Ond na fedrai siarad, ynde!

Daeth ymyrraeth o'r diwedd o du'r Eglwys pan alwodd Barry Morgan, Archddiacon Meirionnydd ar y pryd ac Archesgob Cymru bellach, draw un prynhawn a mynnu, ond mewn ffordd dosturiol iawn, y gwir. Wedi oriau, addefais. A daeth i mi ryddhad. Canlyniad hynny fu derbyn triniaeth yn Ysbyty Ealing Broadway, Llundain mewn adran arbenigol o'r ysbyty hwnnw. Ffrind teuluol a awgrymodd y lle. Sefydlwyd yr adran gan y Doctor Max Glatt, arbenigwr cynnar mewn triniaethau alcohol. St Bernard's oedd enw'r adran.

Bûm yno am ddeuddeng wythnos o'r Pasg 1987 hyd dechrau Mai yr un flwyddyn. Yr oeddwn yn ddeg ar hugain mlwydd oed. Mwynheais fy nghyfnod yno yn enfawr. Roeddwn mor falch nad oeddwn mewn plwyf ac yn gorfod ffugio 'ficera'. Roedd y gwasanaeth am ddim dan nawdd y Gwasanaeth Iechyd Cenedlaethol. Rhannais 'stori fy mywyd' – roedd hynny'n orfodaeth ac yn rhan o'r driniaeth. Cyfarfûm ag amrywiaeth o bobl gan gynnwys Clive a ddysgodd i mi sut i ddwyn teledu o *Harrod*'s petai gennyf yr awydd rywbryd i wneud hynny. Cefais addysg ar effeithiau alcohol. Euthum i lawr i ganol Llundain bob prynhawn Sadwrn a phrynu tomen o lyfrau o *Foyle*'s gan ailgydio yn fy narllen eto –roedd fy ymennydd yn dechrau dod ato ei hun. Chwaraem *Trivial Pursuits* bob gyda'r nos hyd syrffed nes ein bod yn gwybod pob ateb i bob cwestiwn ac yn y diwedd wyrdroi'r gêm drwy roi'r ateb a holi beth oedd y cwestiwn – rhywbeth yn debyg i ddiwinyddiaeth cofiais feddwl ar y pryd. Deuthum yn 'olygydd' cylchgrawn yr uned *Dry Toast*.

Roedd yr uned yn rhan o'r uned seiciatryddol fwy – uned y bu Spike Milligan yn glaf ynddi – a chofiaf yn arbennig am un o gleifion yr uned honno a aethai yn feunyddiol i'r capel lle clywn ef yn gweiddi o flaen cerflun o'r Fair Forwyn: '*Come on you bitch, give me some answers.*' Hon oedd y weddi fwyaf dilys a glywais ers hydion.

(Y mae rhywbeth ynof sydd yn cael ei ddenu gan y gwallgof a'r rhai o'u pwyll, yn bennaf mae'n siŵr oherwydd fy mod innau hefyd ar ffîn yr hyn sy'n cael ei alw'n 'normalrwydd' – beth bynnag yw hynny. A rhan hefyd sy'n dyheu ambell dro am gael ei 'gloi' mewn rhyw fath o 'seilam'.)

Pan ddeuwn yn ôl o'r dref fawr ar y prynhawniau Sadwrn, rheidrwydd oedd cael brethyleisyr. Jyst rhag ofn ...

Fe'i derbyniais yn rhadlon gan y gwyddwn nad oedd 'run diferyn o alcohol ynof. Roeddwn yn hapus. Tra oeddwn yno enillodd Thatcher ei hail etholiad. Roedd hithau'n hapus hefyd.

Ond yr oedd yn rhaid dychwelyd o seintwar St Bernard's. Credai fy rhieni, yr Eglwys a 'phawb' arall – ond yn waeth, myfi fy hun – fy mod yn 'holliach'. Euthum yn ôl i 'nghartref yn Llanwnda am gyfnod cyn dychwelyd i Fachynlleth. Ond yr oedd arnaf ofn mynd yn ôl i'r plwyf. Yr oeddwn wedi bod yn ddi-alcohol am bedwar mis – amser maith i alcoholig – ond nid oedd gennyf gynllun o fath yn y byd sut i drin pethau petai'r awch yn codi eto. Ond i beth oedd angen cynllun a minnau wedi gwella?

Cyrhaeddais Fachynlleth ar brynhawn Sadwrn. Gwyddwn fod yn rhaid i mi gerdded drwy'r dref ar fy union neu ni wnawn hynny fyth. Teimlais am y tro cyntaf – efallai – fod ynof fai moesol ac mai rhywun i'w ddirmygu oeddwn. Ni ddylai person fihafio fel hyn.

Felly ar fy nhaith â fi i'r dref unwaith y gadawodd fy rhieni am adref yn ôl. Ni wn a oeddent ai peidio, ond teimlais fod llygaid y byd arnaf a bod yr 'afradlon' gartre'n ôl. Rhywsut medrais fynd o un pen i Stryd Maelgwyn i'r llall a chyrraedd Eglwys Sant Pedr. Gwyddwn yn iawn erbyn hynny beth oedd yn mynd i ddigwydd. Ac felly y bu. Llyncais botel gyfan o win cymun. Cwta bedair awr a gymerodd i ddinistrio pedwar mis. Ni ddylwn fod wedi dychwelyd heb fod gennyf y gynhaliaeth ddigonol ac angenrheidiol. Parodd yr yfed rhyw dridiau. Afraid dweud bod fy rhieni erbyn hyn yn tynnu gwallt eu pennau. Sylwais fod Nhad wedi dechrau heneiddio. Yn llygaid Mam un diwrnod, daliais 'rywbeth' a hwnnw'n dweud: mi rydw i wedi colli un plentyn yn fan hyn a dwi'n mynd i golli'r llall. Gadawodd y Deon Gwlad ar y pryd i'r Esgob ar y pryd wybod fod 'Aled wedi syrthio'. Roedd fy nyddiau ym

Machynlleth ac yn yr Eglwys ar ben. Wedi chwe mis o fod yno. Dychwelais i a Rwdlan i Lanwnda. Roedd hi'n wythnos yr Eisteddfod Genedlaethol ym Mhorthmadog, 1987 a thra oedd fy rhieni ar y Maes un diwrnod a minnau gartref penderfynais fod yn rhaid i mi adael Llanwnda neu mi fyddwn farw a hefyd y dylwn adael crafangau melfed Mam. Yn y bôn, cariad a oedd yn fy llesteirio yn hytrach na'm hadeiladu oedd cariad Mam tuag ataf. Gorgariad ydoedd. (A'm tad yn absennol er ei fod yn bresennol drwy'r adeg.) I sawl Mabon yng Nghymru, mae Modron.

Yr oeddwn eisoes wedi clywed am gymunedau L'Arche. Cyn mynd yn ôl i Fachynlleth euthum i gynhadledd yn Birmingham wedi ei threfnu gan gymdeithas o'r enw *The Institute of Religion and Medicine* – cymdeithas nad yw'n bod mwyach. Yno mynnodd un a oedd yn Ficer Caerliwelydd fy mod yn darllen llyfr Henri Nouwen, *In the Household of the Lord*. Mynnodd gymaint fel yr aeth â fi i siop lyfrau i'w brynu. Darllenais ef yn awchus. Ynddo sonia Nouwen, offeiriad Pabyddol o'r Iseldiroedd yn wreiddiol ond a oedd yn byw yng Nghanada erbyn hynny, am ei ymwneud â chymuned L'Arche yn Calgary, Ontario. Fe'm cyfareddwyd a dyheuais am ymuno â chymuned o'r fath.

Cymunedau Cristnogol yw L'Arche, Catholig eu naws, a sefydlwyd yn y 1960au gan Jean Vanier – brodor o Ganada'n wreiddiol ac athronydd a oedd yn arbenigo ar Aristotelus ac yn dysgu yn y Sorbonne – ymhle y mae pobl yn cyd-rannu bywyd, a rhai ohonynt yn 'dioddef' o anableddau meddyliol. Yr 'anabl' yw 'canol' y cymunedau a hwy sy'n 'galw' pawb arall i ddarganfod eu dynoliaeth a'i wireddu. Y mae'r pwyslais ar 'fod' yn hytrach na 'gwneud'. A thrwy ddarganfod ein tlodi y deuwn i gyfoeth. Cyfoeth Gras wrth gwrs, nid cyfoeth materol. Mae sawr gref o'r chwedegau yn perthyn i'r cymunedau, yn hipïaidd bron. Tybiais, er nad oedd gennyf reswm dros y dybiaeth, mai yn Ffrainc neu

Iwerddon yr oedd y cymunedau nesaf ataf. Yn Trosly Breuil y tua allan i Baris y sefydlodd Vanier ei gymuned gyntaf, yng nghoedwig Compeigne lle'r arwyddwyd y cadoediad ddiwedd y Rhyfel Mawr mewn cerbyd trên. Fel mae pethau fel hyn yn digwydd, cefais hyd i gyfeiriad i L'Arche yn llyfrgell gyhoeddus Salisbury o bob man – roeddwn yno ar wyliau. Cyfeiriad yn Lloegr ydoedd. Ysgrifennais atynt a chael ateb yn dweud fod cymuned yn Lerpwl a'u bod yn chwilio am gynorthwywyr. Ysgrifennais i Lerpwl a chael ateb buan yn fy ngwahodd am gyfweliad.

Yn y cyfweliad hwnnw chwydais fy holl stori. Er mawr syndod i mi ni chynhyrfodd neb ond fy nerbyn fel ag yr oeddwn. Am unwaith, Aled oeddwn i. Nid oedd raid i mi fyw y 'Parchedig' – teitl nad oedd yn dda gennyf mohono erioed. Teimlas groen fy ngwddf yn hytrach na choler gron – er mai anaml iawn y gwisgwn y tamaid plastig od hwnnw.

(Yn yr Eglwys y mae rhyw syniad o 'berffeithrwydd' yn bodoli – er nad oes neb yn ei ddweud yn hyglyw – a hwnnw'n gwbl anghyraeddadwy ac amhosibl. Rhyw fyd arall 'gwell' nad yw mewn gwirionedd yn bod o gwbl. Daw i'r amlwg yn aml yn amharodrwydd amlach personiaid a sawl Cristion i fedru chwilio am gymorth pan deimlant eu hunain mewn trybini. Dehonglant y trybini – beth bynnag ydyw – fel methiant ffydd, neu nad yw eu cred yn ddigon 'cryf', neu nad ydynt yn gweddïo 'digon'. Felly mygant a chuddiant eu poenau. Gwyddwn nad fi oedd yr unig berson a oedd yn llechu y tu ôl i alcohol a 'phethau' amhriodol eraill. Daw deuoliaethau i fod, yn yr achos yma, rhwng y 'person' a'r 'dyn'. A'r deuoliaethau hyn yw'r bwgan mawr mewn Cristnogaeth – efallai, yn wir, ym mhob crefydd. Y rhaniadau alaethus rhwng 'y byd hwn' a 'byd arall'. Maent yn frith: 'benyw' a 'gwryw', 'da' a 'drwg', 'hoyw' a 'sdrêt', 'seciwlar' ac 'ysbrydol', 'nef' a 'daear', 'cnawd' ac 'ysbryd' , 'corff' ac 'enaid'. Y deuoliaethau hyn sydd yn gyfan gwbl gyfrifol am y ffordd siabi y trinir merched a hoywon gan nifer yn yr Eglwys. Oddi mewn i grefydd yn gyffredinol y mae tri pheth difaol iawn: y 'deuoliaethau' hyn yw un; 'patriarchaeth' a 'hierarchaeth' yw'r ddau arall. A'r 'drindod' yma ynghlwm wrth ei gilydd, wrth gwrs. Ni fedrais i erioed fynd at ficer arall i ddweud fy nghwyn, oherwydd gwyddwn y byddwn yn teimlo'n euog, nid yn sâl. A'r gallu i greu 'pobl euog' yw un o'r pethau a ffieiddiaf fwyaf ym myd eglwys a chrefydd. Pa sawl un yn ystod fy ngweinidogaeth y deuthum ar ei thraws a deimlai'n 'euog' oherwydd ei bod yn teimlo'n hapus? Mae obsesiwn rhai carfanau Cristnogol â 'phechod' wedi magu cyflwr seicolegol gwyrgam – a'r 'ddiwinyddiaeth' ddeuoliaethol sydd yn bennaf gyfrifol am hyn. Personoliaeth rwygedig a greant, nid un gyflawn a chron a chymesur.) Ond yma yn L'Arche teimlais fy nghnawd bregus. Cnawd fel cnawd pawb arall. Y mae rhai agweddau ar grefydd sydd yn gwbl andwyol i ni. Dylai nifer o eglwysi cyfoes gario rhybudd iechyd fel sydd ar bacedi sigaréts.

Nid oeddwn wedi cael cysylltiad â'r 'anabl' o'r blaen. 'Hwy' oedd y sedd honno ar fŷs yr oeddech i'w gadael petaent yn digwydd dod i'r amlwg. 'Hwy' oedd y lle parcio gwag oedd yn blydi niwsans mewn maes parcio llawn. 'Hwy' oedd y fintai ddistaw mewn cadeiriau olwynion ar y prom yn Llandudno. A gwelais 'hwy' ar ddydd fy nghyfweliad. Gwelais Joan Lavery, gwraig Down's a'i thafod enfawr a ddywedodd wrthyf ar y cyfarfyddiad cyntaf: '*I'd like sex with you, Alex.*' Neu 'thecth' fel y dywedodd hi. Gwelais Ying Cheung na fedrai siarad o gwbl ac a oedd yn cael ffitiau epileptig aml gan beri i mi sylweddoli pa mor gaeth i eiriau yr oeddwn. Pwy na fedrai gyfathrebu: hi 'ta fi? Yn eu gŵydd yr oeddwn yn gwbl anghyfforddus, yn chwithig, yn dafotrwm ac eisiau dianc ond gwyddwn hefyd fy mod yn y lle iawn. 'Ga i ddŵad?' meddwn wrth y cyfarwyddwr. 'Cewch,' ebe hi. Yn y 'Cewch' hwnnw y teimlais am y tro cyntaf erioed, am wn i, beth oedd ystyr y Gras yr oedd fy offeiriadaeth wedi ei guddio a'i broffesiynoli. Cefais fy nerbyn yn ddiamod. Gwyddwn ar yr un pryd fod y bobl hyn yn cymryd coblyn o risg efo fi. Trefnais i fynd yno ddechrau mis Ionawr. Roedd hi rŵan yn fis Hydref. Nid oeddwn wedi yfed dim ers gadael Machynlleth ym mis Awst.

Ond yr oedd rhywbeth arall i ddigwydd cyn hynny. Aeth fy rhieni ar wyliau at fodryb i 'nhad yn Blacpwl ddeuddydd ar ôl ei ymddeoliad o fywoliaeth plwyfi Llanwnda a Llanfaglan wedi pymtheg mlynedd ar hugain o wasanaeth yno. Hwyrach fod diwedd ei gyfnod ef ac o'r herwydd ddiwedd yr hen gartref wedi fy andwyo yn fwy nag a feddyliwn ond yfais yn drwm wedi iddynt adael. Canlyniad hyn fu treulio wythnos yn Ysbyty Dinbych. Ceisiodd y Doctor Dafydd Alun Jones fy narbwyllo i fynd i Uned Gwydir, yr uned alcohol a chyffuriau, am dri mis. Gwrthodais a deuthum adref. Daliais gwch i Ddulyn a threulio ychydig ddyddiau yno ond ni yfais. Peth anodd i'w wneud yn Nulyn o bob man efallai! Ond mwynheais ddrama yn yr Abbey – *The Sanctuary Lamp* – a gwrando ar Roger McGough yn darllen cerddi o'i gyfrol newydd bryd hynny, *Melting into the Foreground*. Cofiaf hyd heddiw un o'r llinellau: '*Insanity left him when he needed it most.*'

Gwelais luniau yn Oriel Hugh Lane. Euthum i fynwent enwog Glasnevin lle'r edrychais yn hir ar fedd Michael Collins. Credaf fod cyrraedd Dinbych wedi rhoi peth sioc i mi a dweud y lleiaf. Yr hwdw mawr yn y gogledd oedd Dinbych. Enw a gâi ei sibrwd; fyth ei ynganu'n glir. Ond yfais beint o Ginis ar y cwch yn ôl. A'r peint hwnnw oedd yr olaf i mi ei gyffwrdd am dros bedair blynedd ar ddeg. Rhwng 1987 a 2003 ni yfais ddiferyn o alcohol.

Fy aelodaeth o gymuned L'Arche, Lerpwl oedd yn gyfan gwbl gyfrifol am hyn. Yno y prifiais yn feddyliol ac yn ysbrydol. Nid oeddem yn cael y nesaf peth i ddim o arian, ond yr oedd yn ddigon. Gwir gyfoeth L'Arche oedd y cyfleoedd a roddai i edrych i eigion y galon ysig. A bu un wraig yn allweddol i mi yn hyn o beth.

Ei henw oedd Tracy Williams. Roedd hi'n wyth ar hugain mlwydd oed. Bob tro y ceisiwn fynd i weld yr uned therapi yn ystod fy ymweliad cyntaf â'r gymuned nid oedd hynny byth yn bosibl oherwydd fod Tracy mewn hwyliau drwg iawn. Gwyddwn mai yn yr uned honno y byddwn yn gweithio yn y man. Felly creais ddarlun ohoni yn fy nychymyg fel rhywun enfawr o gorffolaeth a hynod dreisgar. Pan gyfarfûm â hi o'r diwedd, nid oedd hi'n debyg o gwbl i'r un a gonsuriodd fy narfelydd. Roedd hi'n llawer llai. Ond yr oedd ynddi drais: hunan-drais. Medrai ar achlysuron ac am ddim rheswm amlwg waldio ei phen yn erbyn y wal nes hollti ei thalcen gan adael yno graith barhaol. Brathai ambell waith ei llaw hyd nes y gwaedai. Roedd rhywbeth ynddi a barai iddi gasáu ei chorff ei hun. Griddfannau oedd ei hiaith, nid geiriau o gwbl. Edrychai arnaf a gwelwn yn ei llygaid – llygaid tlws iawn – ei hing a'i thristwch. Efo'i mam yr oedd hi'n byw a deuai'n ddyddiol i'r uned therapi. O'r cychwyn llwyddais i a Tracy i gyd-dynnu. Dyfeisiais un bore Jac yn y Bocs, ei greu, ei beintio a'i gael i weithio. I bwy, ni wn yn iawn. Iddi hi? I ni'n dau, mae'n debyg. Heb os, wrth ei greu medrais gyrraedd lle o greadigrwydd ynof fi fy hun. 'Lle' y mygwyd ef gan yr Eglwys. 'Lle' hefyd nad oedd a wnelo fo ddim â geiriau ac 'esbonio'. (O blith popeth a greais erioed, gan gynnwys fy nramâu a'm gweithiau eraill, y Jac yn y Bocs hwnnw yw'r pwysicaf ohonynt oll.)

Ni wn o gwbl beth a roddais i Tracy Williams, os rhoddais unrhyw beth, ond o'i blaen hi cyffyrddais â man o iachâd ynof fi fy hun. Gyda hi, sylweddolais i mi fod yn gaeth nid yn unig i alcohol ond hefyd i eiriau. Fel alcohol, rhywbeth i guddio ynddynt oedd geiriau. Broc ydynt ar wyneb rhyw ddyfnder mawr. Rhugl oeddwn. Ond beth mewn gwirionedd a oeddwn i wedi ei fynegi erioed amdanaf i fy hun, am 'dduw', am unrhyw beth? Fawr o ddim tu draw i'r ystrydebol, dirnadais. Yng ngŵydd y bobl ddieiriau hyn fe'm hagorwyd i leoedd dyfnach ynof fy hun, ac yn eraill. O'r cyfnod hwnnw ymlaen ni fu gennyf ddim i'w ddweud wrth y syniad o 'normalrwydd'. Ffiloreg ydyw a grëir i'n gwarchod, rhag poen yn bennaf. Tracy hefyd a'm dysgodd i beidio ag ymddiried rhyw lawer mewn iaith. Ond onid oeddwn wedi gweld hyn o'r blaen yn gynnar yn fy mywyd, a hynny yn fy nhad: yr offeiriad na allai siarad yn iawn gan fynd drwy'r gwasanaethau mewn crygni parhaol, bron drwy gydol ei weinidogaeth, ac y cywilyddiais o'i herwydd a gorfod clywed eraill yn ei ddifrïo? Er bod y bobl hyn, Tracy, fy nhad, yn amlwg wedi eu darnio, yr oeddynt rhywsut ar yr un pryd yn gyfan. Cyfanrwydd nas gwelais ynof fy hun nac yn neb arall ychwaith ynghynt. Wrth edrych ar Tracy a gweld fy hun wedyn yn ei llewyrch, dirnadais rhyw ddilysrwydd; dilysrwydd na fedrwn ei ddiffinio heb, wrth gwrs, ei leihau, ond 'rhywbeth' – ac rwy'n hoff o'r gair niwlog 'rhywbeth' – a oedd 'ynof' heb os, ond eto nad oedd a wnelo fo ddim â mi ac y crwydrais i mewn iddo ac mai 'ef' a'm canfu i ac mai dyma, efallai, a olygir wrth y gair 'datguddiad'. Cofiaf am bennill olaf cerdd Boris Pasternak 'Wedi'r Storm' – fe'i dyfynnaf o'r cyfieithiad Saesneg:

> *It is not revolutions and upheavals*
> *That clear the road to new and better days,*
> *But revelations, lavishness and torments*
> *Of someone's soul, inspired and ablaze.*

Rhoddodd i mi oleuni newydd ar Gristnogaeth – rhywbeth na allodd yr Eglwys yng Nghymru erioed ei wneud. A hyn oedd y goleuni: fod 'hanfod' Cristnogaeth i'w ganfod mewn tlodi ysbrydol: pan mae popeth wedi mynd a'i golli a phan nad wyf yn 'gwybod' dim byd mwyach, bryd hynny y Daw. A bod dioddefaint – ac nid yw hyn yn beth ffasiynol na rhywsut yn dderbyniol i'w ddweud – yn achubol. Yn L'Arche priodais â Sue, sylfaenydd y gymuned, ac yno y ganed dau o'n plant, Marc a Bethan.

Gofynnodd fy modryb i mi un tro, 'Be wyt ti yno, Aled? *Patient*?' Roedd hi'n nes at y gwir nag a feddyliai.

Erbyn 1993 yr oeddwn yn gyfarwyddwr y gymuned. Cyn hynny edrychwn ar ôl y rhai a ddeuai o bedwar ban byd i gynorthwyo – Brasil yn bennaf, am ryw reswm, pan oeddwn i wrth y gwaith. Swydd nad oeddwn yn ei hoffi oedd un y cyfarwyddwr ond y teimlwn am resymau arbennig y dylwn ei gwneud. Nid oedd neb ei heisiau yn un peth! Hefyd, efallai i mi geisio gwneud iawn am fy methiant fel ficer. Ond ail da wyf fi nid arweinydd.

Yr oedd hefyd rai pethau yn dechrau dychwelyd. Y Gymraeg y pennaf un ohonynt. Pan ddeuthum i Lerpwl gyntaf holodd rhywun fi: Beth am Gymru? Fy ateb oedd: '*Fuck Wales!*' (Rhyw sgwarnog fach: mae sawl un wedi cwestiynu fy 'iaith'! Credaf mai fi oedd person mwyaf rhegllyd Esgobaeth Bangor. Fy awch am gadw fy unigolyddiaeth rhag cael ei draflyncu gan y sefydliad eglwysig oedd hynny, mae'n siŵr, oherwydd gwyddwn fod y sefydliad yn bwyta pobl yn fyw.)

Sylweddolais fod Marc, yr hynaf o'n plant, yn Sais. Roeddwn am iddo fod yn Gymro. A phetawn yn aros yn Lerpwl, Sais fyddai o. Roedd Sue hefyd yn dechrau anniddigo ac wedi blino yn y gymuned. Cynyddodd fy anhapusrwydd yn y swydd ac un noson o fethu cysgu codais ac ysgrifennu drama. Tybed, meddyliais, a oedd rhywbeth yn hyn? Ysgrifennais ddrama arall a'i hanfon i'r Eisteddfod Genedlaethol a oedd, y flwyddyn honno – 1994, i'w chynnal yng Nghastell Nedd. Enillodd *Dyn Llnau Bogs* y wobr. Drama sâl ydyw, sâl iawn hefyd, ond yr oedd ennill yn ddigon i'm hannog i barhau i geisio ysgrifennu pethau gwell. Serch hynny, glynodd un o'i themâu ynof. Digwydd y ddrama yn y tŷ bach sydd o dan gofeb Loi Jorj yng Nghaernarfon. Ar y pryd roedd pethau digon 'amheus' yn digwydd yno. A dyna un o'm prif ddiddordebau llenyddol: yr hyn sy'n digwydd o dan wyneb y Cymry Cymraeg 'ymneilltuol', dosbarth canol. Gan gofio o hyd, wrth gwrs, mai un ohonynt hwy ydwyf fi. Byddaf am byth yn ddiolchgar i Gareth Miles a'r ddau feirniad arall am fentro'r wobr i mi. Ni wn bellach a yw Gareth Miles yn teimlo'r un peth! Gwyddwn fod yn rhaid i mi gyrraedd Cymru'n ôl a lapio fy hun yn y Gymraeg eto.

Nid oedd ond un ffordd o wneud hynny debygwn i ar y pryd. Yr Eglwys. Yn groes i gyngor pawb a'm hadwaenai'n dda derbyniais fywoliaeth Porthmadog ym 1995. Fy unig reswm dros ailafael yn yr Eglwys oedd Cymreictod, nid crefydd.

Am y blynyddoedd cyntaf, a gwrid diwinyddiaeth a dulliau L'Arche yn fy nghynhesu o hyd, aeth pethau'n weddol – yn eithaf da a dweud y gwir. Ond yn ddiarwybod i mi roedd fy alcoholiaeth wedi cael cyfle na chafodd yn Lerpwl i fachu ynof eto.

Bachodd yn 2002. Mae rhai wedi awgrymu fod y feirniadaeth ar 'Awelon', pryddest Tyddewi y flwyddyn honno, gan ychydig hyglyw a bombastig wedi bod yn gyfrifol am hyn.

Yma yw'r lle mae'n siŵr, ac i dorri ar fy rhediad, i ddweud rhywbeth am 'Awelon'. Mewn 'diniweidrwydd' yr ysgrifennais y bryddest. Ym Marlborough, o bob man, ym mherfeddion Lloegr y daeth hi i fod. Yno y prynais y llyfr y byddwn yn ei hysgrifennu ynddo. Llyfr ysgrifennu o'r Eidal, ei glawr o ledr a'i bapur yn un da. Y mae offer a defnyddiau yr ysgrifennu lawn cyn bwysiced i mi â'r ysgrifennu ei hun. Y mae papur yn grud i eiriau. Rhaid i mi gael *Peilot V-7 Hi-*

Tecpoint cyn medru torri gair. Ofergoeliaeth lwyr, wrth gwrs, ond thâl *Bic* ddim. Ar y stryd yn Marlborough, y llyfr newydd yn fy llaw, y daeth y ddelwedd o 'injanwnio'r tonnau'n hemio'r tywod'. Ond prifiodd pethau yn un o ystafelloedd aros Ysbyty Gwynedd. A minnau yno'n disgwyl am belydr X, roedd gŵr ieuanc yn y gornel yn pletio ei ddwylo byth a beunydd, yn aflonydd ac yn sbio i sawl cyfeiriad yn aml. Ar y bwrdd o'i flaen yr oedd mynawyd y bugail. Holais fy hun: a oes rhywbeth mawr yn bod arno? Beth sy'n mynd drwy ei feddwl? Teimlais ynof fi fy hun ei ofn. A hynny yw 'Awelon': ymson y dyn ieuanc hwnnw wrth ddisgwyl am ei sgan.

Un o fy hoff arlunwyr yw Dadaydd, Kurt Schwitters. Mae Schwitters yn nodedig am ei luniau *collage* – 'Lluniau Mertz' fel y galwai ef hwy. Defnyddiai dameidiau o unrhyw beth a oedd gerllaw ac wrth law, megis pacedi sigaréts a thocynnau bws neu drên, i greu ei luniau cwbl drawiadol. A dyna yw 'Awelon': *collage* wedi ei ffurfio o deilchion – teilchion meddyliau. Nid oes gyswllt fel y cyfryw rhyngddynt ond o'u cyfosod creant batrwm. Y mae hi gymaint i'r llygaid ag yw hi i'r glust: i'w darllen a'i gweld.

Dylanwad arall arnaf yw'r cerddor Eidalaidd Luigi Nono, mab-yng-nghyfraith Schönberg. Defnyddiodd Nono yn ei weithiau dapiau electronig o destunau llenyddol a pholiticaidd (dyn mawr yr adain chwith ydoedd) wedi eu cywasgu yn seiniau. Mae dau neu dri nodyn yn hofran mewn distawrwydd enfawr. Rhannodd y 'gerddorfa' ar hyd a lled yr awditoriwm a'r cerddorion yn gorfod cerdded o sgôr i sgôr. Fe'm cyfareddir gan ddull a cherddoriaeth 'gyfriniol' Nono. Hir y cofiaf y perfformiad o'i brif waith, efallai, *Prometeo* a welais – a'i glywed! – yn Llundain. A pherfformiad flynyddoedd ynghynt yn y Phil. yn Lerpwl o un o'i weithiau cynnar a rhywun o'r gynulleidfa'n gweiddi 'Rybish!' ar ei ddiwedd. Mi wn am y profiad yna!

Ym 1996 darllenais *Smentio Sentiment: Beirdd Concrid Grŵp Fiena 1954-1964* gan Angharad Price. Agorodd y gyfrol fechan honno rhyw 'ddrws' ynof wrth i mi ddarllen am y beirdd hyn a'u hymdriniaeth o iaith wedi'r Shoah... a gweld eu cerddi!

Mae y pethau hyn i gyd rywle yn 'Awelon'. A hwyrach, wrth i mi ei hysgrifennu, i mi dynnu o fy isymwybod oblygiadau llinellau Czeslaw Milosz yn ei gerdd – yn y cyfieithiad Saesneg – '*Secretaries*': '*Beginning a phrase in the middle/Or ending it with a comma.*' Digwyddodd yr atalnodi sydd ynddi o'i 'wirfodd'. Nid euthum ati'n 'fwriadol' i wneud hynny. Rwyf fi'n hoff o edrych ar atalnod ac atalnod llawn a marc cwestiwn a chromfachau. Maent yn bethau esthetig iawn yn fy narfelydd i! Nid 'arwyddion' i ddarllenydd yn unig ydynt. Ond i'r llygaid yn unig y mae'r atalnodi yn y gerdd. Nid ar gyfer y llefaru. Fy 'nehongliad' i ohonynt yn y man – a phwysleisiaf 'yn y man' – ydoedd eu bod yn darlunio ar bapur rhywun gwael yn ymladd am ei wynt, ac felly am ei fywyd.

Roedd 'rhywbeth' am 'Awelon' a ddaeth o'r 'tu allan' i mi. 'Digwydd' a ddaru hi rywsut, nid ysgrifennu bwriadol fel y cyfryw ac nid cweit '*automatic writing*' W. B. Yeats a'i wraig George Hyde Lees ychwaith. Rwyf fi wedi ceisio 'ysgrifennu' pethau tebyg ond methu bob tro. Yn fy nghrebwyll yn wastad yn fy 'atal' mae '*a person from Porlock*'.

Erbyn hyn nid wyf yn credu mai Aled Jones Williams yw ei hunig 'awdur'. Mae 'awdur' arall iddi, sef Iwan 'Iwcs' Roberts a berfformiodd y gerdd ar lwyfan ac ar y sgrin fach. Ond nid perfformio, deallais yn bur fuan wrth ei weld, yr oedd Iwcs ond ei chreu. Daeth ohono rywsut. Felly, o hyn ymlaen, 'Awelon' gan Aled Jones Williams ac Iwan 'Iwcs' Roberts!

Hi yw fy mhrif waith. Fel bardd yr ystyriaf fy hun. Ond mai yn anaml yr ysgrifennaf farddoniaeth – ac y medraf ei hysgrifennu.

Gydag arian y wobr prynais Feibl Cymraeg 1662.

Y gwir yw fy mod wedi dechrau yfed ychydig fisoedd cyn Eisteddfod Tyddewi, ymhle y gwobrwywyd 'Awelon,'ond ei fod o dan rhyw fath o 'reolaeth' gennyf. Os oes angen 'rhesymau' arnaf i 'esbonio'r' llithriad yn ôl i alcohol, yna cynigiaf dri.

Salwch yw'r cyntaf. Yn gynnar yn 2002 dywedwyd wrthyf fy mod yn dioddef o anhwylder efo'r enw anhygoel *hyperparathyroidism* ac y byddai angen llawdriniaeth arnaf. Ni welais y llawfeddyg yn Lerpwl tan y mis Gorffennaf – dynes ifanc fyrlymus a thebol o'r enw Ms Wagstaffe. Nid wyf yn delio'n dda iawn â salwch personol. Mae pob dos o annwyd yn rhagdybio cansar yn fy meddwl. Ond yr oedd gennyf hyder perffaith yn Ms Wagstaffe hyd nes iddi ddweud wrthyf y gallasai wrth opyretio ar fy ngwddf dorri un o linynnau'r llais. Roedd hynny'n ddigon i mi. Pam?

Fel y gŵyr unrhyw un sydd wedi darllen *Rhaid i Ti Fyned y Daith Honno dy Hun*, nid oedd gan fy nhad lais o werth gydol ei weinidogaeth. (Fel hyn y disgrifiwyd y llais hwnnw gan y traethydd yn y gyfrol:

Be sy'n bod ar lais dy dad? Hwnnw oedd poen tŷ ni. Eich llais sgrwnsian-bag-o-greision chi. Eich llais crensian-celogs-chi. Pawb yn meddwl fod cansar arnach chi. Cansar yn y gwddw. Cansar ar y laryncs. Ond doedd neb yn deud dim. Cyfrinach gyhoeddus oedd hi. Shht-mawruchel. A Mam a finna'n bihafio fel tasa 'na ddim byd o'i le. Fel tasan ni'n 'ch clwad chi'n iawn. Be ma' Person isio fwya, Nhad? Y? Dwi ddim yn 'ch clwad chi. Gwaeddwch. LLAIS. Ia, 'na chi. Dyna be ma' Person 'i isio fwya. Ma' gas gin i leisia Personiaid. Lleisia tysan boeth yn 'u cega nhw. Lleisia Susnag crand. Lleisia gneud. Lleisia oer, pell, du fel cloria Beibil. Lleisia bilidowcars. Achos bilidowcars

ydy Personiaid yn 'u duwch dubitsh cadwch draw.
A'ch llais chi fel llais yn dwad drwy weirles pan ma'r
derbyniad yn sâl. Meddach chi yn eich llais hen-
record-sy'n-sgratsys byw. Llais sboncyn y gwair. Llais
fel injan car yn gwrthod startio. Llais gwydr yn malu.
Llais troedio graean... Heno, Nhad, ym mudandod y
stafell... dudwch lond llaw o eiria wrtha i yn eich llais-
fel-rhwbio-cyllath-yn-erbyn-gratur.

Yr oedd dau gymhelliad y tu ôl i ysgrifennu *Rhaid i Ti
Fyned...* – ac ar ôl yr ysgrifennu, wrth gwrs, y daw'r
'cymhellion' i'r amlwg – a'r ddau yn bur wahanol i'w gilydd.
Dial oedd un. Galar oedd y llall. Dial ar y rhai hynny,
personiaid eraill yn bennaf, na fuont yn garedig wrth fy
nhad. Y mae dial cystal cymhelliad i waith llenyddol â dim:
nid oes raid iddo fod yn rhywbeth aruchel, 'pur'! Ni fedrais
grio erioed ar ei ôl. Y llyfr, decin-i, oedd yr wylo. Un o'm
hoffterau pan oeddwn yn blentyn oedd diddanwyr ar y
teledu du a gwyn gartref yn Llanwnda yn taflu eu lleisiau i
mewn i ddymi. Ray Allen a Lord Charles oedd y ffefrynnau
mawr. Fe gawn y peth yn hollol gyfareddol. Ceisiwn eu
dynwared gan roi hosan fy nhad am fy llaw a chreu ceg fawr
ddu a siarad drwyddi. Tybed ai dyna yw *Rhaid i Ti Fyned...*?
Taflu fy llais er mwyn galluogi'r gŵr nad oedd ganddo lais i
lefaru... a damio. Rhoi benthyg llais. Ai dyna, tybed, yw
swyddogaeth llenor?

Yr oedd y llawdriniaeth yn mynd i beryglu fy llais i,
sylweddolais mewn dychryn mawr. Un peth oedd
ysgrifennu am lais fy nhad; peth arall hollol oedd y
posibilrwydd o fod yr un un ag ef.

Mam oedd yr eilbeth. Ar ôl marwolaeth fy nhad ym
1997 daeth Mam i fyw gyda ni yn y ficerdy. Nid oedd cael
Mam a fi o dan yr unto eto yn syniad da o gwbl!

A'r trydydd? Crefydd. Er gwaethaf profiadau L'Arche –

yn fwy na thebyg yr oeddynt yn pylu – roedd fy ffydd yn gwegian ac amheuaeth yn tyfu. Dyfynnwn i mi fy hun yn aml bennill pryfoclyd fy hoff fardd Cymraeg, R. Williams Parry, am amheuwr arall, W.J. Gruffydd:

> Am enw'r Athro Gruffydd,
> Sbelia-fo'n ôl y sain:
> Nid yw ei-ffydd ef, cofia
> Y-ffith oedd-ffith ei nain.

Yr oedd pregethu weithiau ar y Sul yn brofiad affwysol i mi, yn enwedig pan oedd y darlleniadau yn rhai na fedrwn wneud pen na chynffon ohonynt ac na fedrwn chwarae triciau geiriol o'u cwmpas. Hawdd iawn, er enghraifft, y medrir dirnad stori bwysig Gardd Eden fel 'cwymp' i ymwybyddiaeth – *consciousness* – a phris hynny: yr ennill a'r colli sydd ynghlwm wrtho: yr ymchwil wyddonol ar un llaw, ac ar y llaw arall y gwybod parhaus ac ingol y byddwn farw. Rhywbeth tebyg a geir mewn stori greadigaeth arall – yr un Gymraeg: Blodeuwedd – ac fel y mae hi'n deffro i lawnder gorfoleddus a pheryglus ei bywyd ei hun. Nad 'O! Wraig ddrwg' ydoedd hi nac Efa – a maen melin wedyn y 'ddealltwriaeth' honno am yddfau merched ar hyd y canrifoedd – ond eu hymwybyddiaeth yn dadebru ac oblygiadau a chanlyniadau hynny. Teimlais fod hyn yn llawer rheitiach peth i'w wneud na sarhau crebwyll pobl â'r 'uniongrededd' arferol bob tro y deuai 'Llyfr Genesis' i'r wyneb, gan eu tywys ar yr un pryd i weld fod gennym ninnau hefyd yn ein mythau Cymraeg bethau cyffelyb. A myth yw, chwedl Wordsworth: '*Fictions in form, but in their substance truths.*' Diben pregethu i mi erioed oedd agor meddyliau pobl a rhoddi iddynt yr hawl i feddwl drostynt eu hunain. Hyd yn oed os oedd hynny ambell waith yn peri iddynt adael yr eglwys a phrifio mewn lle a meddylfryd gwahanol.

Holi cwestiynau oedd fy awydd, nid cyflwyno atebion. Medraf ddweud ar fy llw na fu i mi erioed bregethu dim na chredais ynddo. Ond yr oedd yr hyn a 'gredais ynddo' – fel y'i diffiniwyd gan yr Eglwys! – yn mynd yn llai ac yn llai.

Felly, o roi'r tri pheth hyn efo'i gilydd daeth fy hen gariad i ddweud Helo! A dywedais innau Helo! yn ôl. A'r peth cyntaf a yfais oedd – sieri fy mhlentyndod. Un gwydraid, ond yr oedd yn ddigon. Gan nad oedd fy ngwraig na'r plant, y tri bellach – roedd Gwydion wedi cyrraedd – na neb arall wedi gweld yr alcoholig o'r blaen, medrais eu twyllo am fisoedd gan gogio pob math o 'salwch' a chwerthin i fyny fy llawes yn frwnt wrth i'r trueiniaid lyncu pob 'esboniad'. Y mae pob alcoholig yn meddwl ei fod o mor ddiawledig o glyfar a phawb arall o'i gwmpas o mor dwp. Am gyfnod medrais fyw y tu mewn i'r rhith. Ond yn y man daeth pawb i weld beth oedd yn digwydd. Darganfuwyd y poteli – un ohonynt mewn hen nyth yn y garej – a gwelwyd mai celwydd oedd pob 'gwir' a ddaeth o'm genau ers misoedd.

Yr hyn sy'n fy syfrdanu heddiw yw pa mor rhwydd y llithrodd yr alcoholiaeth a'i dueddiadau i'w lle mor giwt yn ôl. Yr oedd fel pe na bai pedair blynedd ar ddeg o fywyd di-alcohol erioed wedi bod. Yno eto yn eu cyfanrwydd yr oedd y gwadu, y celwydd, y dwyn, a'r holl symptomau ffisiolegol a seicolegol. Ymdebygai i dŷ nad oedd neb wedi byw ynddo ers blynyddoedd ond unwaith i rywun gamu i mewn a chynnau'r switsh letrig, goleuodd y tŷ cyfan. Roedd circuit alcohol ynof yn gwbl ddi-dor. Nid oedd dewis ond 'rehab' arall.

Yng ngodre'r Alban rhwng Caeredin a Glasgow y mae Castle Craig. Fy chwaer-yng-nghyfraith a ddaeth o hyd iddo pan ofynnodd i un o esgobion yr Eglwys Gatholig Rufeinig – roedd hi'n gweithio ar y pryd i'r eglwys honno – i ba le yr oeddent hwy yn anfon eu dynion! Er na welais i'r un offeiriad Catholig tra bûm yno. Yno yr euthum ym mis Medi

2003. Ychydig a feddyliais mai dyma'r cyntaf o bedwar arhosiad yn Castle Craig yn y blynyddoedd rhwng 2003 a 2009. Costiodd fy 'ymweliadau' filoedd o bunnoedd i'r Eglwys yng Nghymru. Er fy meirniadaeth ar y sefydliad, byddaf hyd byw yn ddiolchgar am yr haelioni, yn arbennig felly i'r esgobion Saunders Davies – yr anwylaf o holl esgobion ein gwlad – ac Andy John a'r Archddiacon Emyr Rowlands. Ni oedd Castle Craig yn rhad. Ac y mae hyn yn peri gwewyr i mi pan feddyliaf am alcoholiaid eraill yn y cwr hwn – y mae nifer fawr iawn ohonynt. Nid ydynt yn cael y cyfle i wella fel y cefais i oherwydd truenus yw'r ddarpariaeth ar y cyfan yng Nghymru. Nid oes ganddynt neb i dalu arian gloywon ar eu rhan fel ag a ddigwyddodd i mi. Mewn canolfan breifat.

Yr wyf yn gredwr cryf mewn 'rehabs'. Mae angen lleoedd o'r fath ar alcoholiaid ac eraill sy'n gaeth i gyffuriau gwahanol. A gyda llaw, nid oes wahaniaeth o gwbl rhwng alcohol a heroin. Ond bod un yn gyfreithlon ac yn fwy derbyniol o fewn y gymdeithas. Cyffur yw cyffur. Rhaid tynnu'r adict o'r sefyllfaoedd yfed a'u rhoi mewn lleoedd diogel am gyfnod hir lle y gall therapi ddigwydd. Er mwyn yr adict, ie, ond hefyd er mwyn rhoi hoe i'r teuluoedd – a bwrw bod teuluoedd ar ôl. Ni all neb amgyffred pa mor ddewr yw teuluoedd yr adict. Pa mor ffôl hefyd os penderfynant aros gydag o neu hi. Ni ddylai cariad neb fod yn ddiamod. Nid yw cwnsela un-i-un yn effeithiol ar y cychwyn. Y mae angen cymuned o rai tebyg ar yr adict er mwyn medru dechrau gwella a dim ond rehab diogel, cloëdig a eill gynnig hynny'n effeithiol. Peth cymunedol yw gwellhad, nid rhywbeth unigolyddol. Fedrwch chi ddim mendio ar eich pen eich hun, beth bynnag yw'r salwch neu'r cyflwr.

Felly i Castle Craig yr euthum am chwe wythnos. O'i gymharu â St Bernard's yn Llundain roedd fan hyn yn *regime* ac yn llawer mwy effeithiol oherwydd hynny, mi gredaf. Ar un wedd, *boot camp* emosiynol ydoedd. Er bod y therapyddion yn bobl glên iawn ar y cyfan, roeddynt yn ddidostur yn y grwpiau gan eu bod i gyd yn gyn-adicts ac yn adnabod pob tric ac ystryw. Meistri ar Mistar Mostyn oedd y rhain. Holltent unrhyw 'esgus' â'u hacenion Sgotaidd yn y fan a'r lle. Ond y tu ôl i'r 'bryntni' ymddangosiadol roedd trugaredd di-ben-draw, oherwydd eu dymuniad iasol oedd gwellhad yr un o'u blaenau gan wybod fod hynny'n bosibilrwydd go iawn fel yr oeddynt hwy eu hunain wedi ei brofi.

Yno roedd rhai o gyfoethogion y wlad a rhai pobl 'enwog' yn eu meysydd gwahanol, ond yno hefyd ac yn y mwyafrif yr oedd tlodion Glasgow. Rhyw Robin Hwd o le oedd Castle Craig ymhle roedd arian y cyfoethog yn cael ei 'ailgylchu' i dalu dros y tlawd. Nid lle gwneud elw ydoedd ond man ymhle yr oedd unrhyw gyfoeth yn cael ei arallgyfeirio i alluogi'r rhai heb ddim i ganfod meddyginiaeth. Cynhesa fy nghalon pan glywaf yr enw Castle Craig.

Am y tair wythnos cyntaf ni chaem adael y gerddi, ni chaem alwadau ffôn na llythyrau. Dechreuai'r dydd yn gynnar a gorffen yn hwyr. Y *Minnesota Model* oedd y dull o weithredu. Hynny yw, AA drwyddo draw a'r dull Deuddeg Cam. Ond defnyddid dulliau eraill, yn bennaf y grŵp a'r hyn a elwir yn *Choice Theory*. Y grŵp, fodd bynnag, oedd y peth. Grŵp o ryw ddeg, deuddeg ar y mwyaf, gydag un therapydd yn ei arwain a'i reoli. Disgwylid i ni adrodd yn ddiflewyn-ar-dafod hanesion o'n cyfnod yfed – hanesion yr oeddem ni'n cywilyddio o'u herwydd ac am eu celu. A'r anoddaf i gyd efallai, disgwylid i ni edrych ar ganlyniadau ac effeithiau ein hyfed a'n cyffura ar eraill. Yr un mor ddiflewyn-ar-dafod byddai aelodau eraill o'r grŵp yn neidio ar unrhyw unigolyn oedd yn gwrthod ymateb neu'n ceisio glastwreiddio pethau. Weithiau roedd y grwpiau yn ddychryn pur a dyheuwn yn aml am i'r diawliaid ddod i ben. Un o'u prif gymhellion oedd ein cael i deimlo a mynegi ein teimladau, yr union bethau yr oedd ein cyffuriau yn ceisio eu difa. I'r cwestiwn a ofynnwyd i bawb yn ei dro: 'Sut ydach chi'n teimlo heddiw?' pe atebai unrhyw un drwy ddweud: 'Dwi'n iawn' fe neidiai'r therapydd i lawr eu cyrn cratj. Gair sy'n cuddio yw'r gair 'iawn' (*'I'm fine'* yw'r Saesneg, wrth gwrs. Ond gwir ystyr *fine* yng 'ngeiriadur' y therapyddion oedd: *Fucked up. Insecure. Neurotic. Excitable*). Yr oedd anallu rhai ohonom i leoli ein teimladau mor ddrwg fel y rhoddwyd rhestr o'n blaenau ac arni enwau pob teimlad bron er mwyn i ni fedru dewis o'u plith. Ar hyd y blynyddoedd *ysgrifennu* am deimladau y bûm i ond yn *gwrthod* eu teimlo yn barhaus.

Ond yr oedd un therapydd a'm dychrynai i yn fwy na'r lleill – Americanwr o'r enw Tom a fetran Vietnam. Medrai hwnnw weld drwof fi yn syth ac yn well na neb arall. Suddai fy nghalon pan welwn mai ef oedd arweinydd y grŵp. A digwyddai hynny'n llawer rhy aml i'm dewis i. Nid wyf erioed wedi meddwl amdanaf fy hun fel rhywun clyfar ond gwn y gallaf guddio y tu ôl i'm crebwyll. Y mae 'gallu' yn medru bod yn rhwystr i wellhad oddi wrth alcoholiaeth. Medraf siarad yn dda a dweud dim yn y diwedd. Wedi'r cyfan, ficer Anglicanaidd oeddwn i! Y mae pwyslais Anglicaniaeth ar y *via media* – y ffordd ganol – rhwng 'eithafion' Catholigiaeth a Phrotestaniaeth, sy'n golygu y cyhuddir hi'n aml o beidio â bod y naill beth na'r llall ac o fod yn niwlog ac felly o chwarae'n barhaus â geiriau. Hyn oedd ei hapêl erioed i mi. Gwyddai Tom hynny'n iawn ac fel mynawyd treiddiai i mewn i'm crombil geiriol. Dywedodd wrthyf ar ddiwedd fy chwe wythnos yn Castle Craig: *'You're not going to make it.'*

Ef oedd yn iawn. Dridiau ar ôl dychwelyd i Borthmadog yn 'holliach', yfais eto. Ni allwn bellach enhuddo'r gwir â'm celwyddau brau. Rhwng gwylltineb mawr a siomedigaeth fwy fy nheulu fe'm canfûm fy hun ar y trên o Fangor yn ôl i Gaeredin efo tocyn unffordd yn unig. Ynghynt roedd cydymdeimlad fy nheulu yn fawr. Erbyn hyn roedd wedi diflannu. Gwrthododd Gwydion fy mab ieuengaf ffarwelio â mi. Yr oeddwn wedi cuddio fy 'stash' diod yn ystafell wely fy merch, Bethan. Cythraul o beth i dad ei wneud i'w ferch. Yfais ar y trên a phan gyrhaeddais orsaf Waverley disgynnais yn glewt ar y platfform pan agorodd y drysau gan falu rhywfaint ar fy ngên. Roedd y 'croeso' a gefais gan Castle Craig yn oeraidd a dweud y lleiaf a'r grwpiau yn gwbl ddidostur. Dywedodd un therapydd wrthyf: *'You are on a frozen lake with skates that have lit blow lamps on them going merrily towards thin ice. You will die.'* A dyma'r tro cyntaf, mi gredaf, i mi sylweddoli *mewn gwirionedd* – ei *deimlo* – fod gorddibyniaeth yn gyflwr angheuol. Gwyddwn fod yn rhaid i mi wneud 'rhywbeth'. Ond be? Roeddwn yn hynod ffodus o gael fy nerbyn yn ôl. Parodrwydd yr Eglwys i dalu oedd yn bennaf gyfrifol am hynny. Ni allwn i fod wedi fforddio mynd yn ôl. Y tro yma yr oeddwn i dreulio tri mis yn Castle Craig yn eu huned gofal pellach. Sylweddolais yn go fuan fy mod yn ystod y chwe wythnos y bûm yno o'r blaen wedi dweud y 'pethau iawn' yn ôl fy hen arfer. Yr alcoholig oedd yn chwarae ei gêms a'r person yn ei lifrai Sul yn brygowthan. Nid oeddwn erioed wedi cymryd fy alcoholiaeth o ddifrif. Ac yn ei wisgo fel bathodyn er mwyn siarad amdano ar Radio Cymru. Bellach yr oedd y therapyddion yn fy ngwylied â llygaid barcud a'm cyd-gleifion yr un modd. Cefais amser caled iawn yn ystod y mis cyntaf a hynny'n gwneud byd o les i mi. Lles o ddiawl! Caseais bob munud ac ymdrybaeddais y tu mewn i un o'r pethau mwyaf annerbyniol am alcoholigion: hunandosturi. A mwynheais yr hunandosturi hwnnw. Hyd nes i Wilma un diwrnod yn y grŵp weiddi i'm hwyneb: *'Right! It's time to kick your arse, you self-pitying cunt.'* Lladmerydd oedd hi ar ran fy nheulu a nifer o rai eraill ym Mhorthmadog a'r Eglwys, ond na feiddient hwy ddywedyd hynny wrthyf. Nid oedd ots gan y bwtan fer hon o'r Gorbals yn Glasgow beth a ddywedai wrthyf. *Street-fighter* oedd '*Wee*' Wilma a gafodd fywyd ieuanc melltigedig. Daeth Wilma a fi yn ffrindiau mawr.

Derbyniais lythyrau lu oddi wrth blwyfolion a ffrindiau ym Mhorthmadog. Ond dim gan gyd-offeiriaid Esgobaeth Bangor. Perthynas wael a fu gennyf erioed â chlerigion eraill. Nid oedd gennyf ffrindiau ymysg yr offeiriaid. Cydnabod oeddynt bryd hynny a rŵan. Ond dŵr dan bont yw hynny bellach. O dro i dro cynyddodd yr un frawddeg o adref yn ddwy ac wedyn yn baragraff ac yn y man yn llythyr llawn. Pan ddeuai llythyr neu becyn fe'u hagorwyd yng ngŵydd y therapyddion rhag ofn fod cyffuriau wedi eu cuddio o'u mewn. Digwyddai yr un peth pan ddeuai ymwelwyr ar y Sul: agorwyd ac archwiliwyd pob cês a chariyr bag. Canfuwyd un tro bedair oren a rhywun wedi chwistrellu fodca â syrinj drwy'r croen.

Ar brynhawniau Sadwrn caem fynd ar dripiau i wahanol leoedd a rhodd o ddecpunt yr un er mwyn medru prynu bwyd. Aethom i New Lanark a sefydlwyd gan Robert Owen, y Drenewydd; gorfodais fy hun i ymweld â'r *Royal Yacht Britannia* a oedd erbyn hynny yn sefydlog yn Leith, Caeredin gan ffieiddio wrth gerdded drwyddi gydag Albanwyr oedd yn aelodau o'r SNP; a chwiliais am anghenfil ar lannau Loch Ness. '*It's here!*' meddai rhywun wrthyf. '*Where?*' meddwn innau'n ddigon gwirion. '*It's you, you Welsh bastard!*' atebodd yn gellweirus.

Y dref nesaf atom oedd Pebbles a chaem fynd yno unwaith yr wythnos ar brynhawniau Iau. Yr oedd brodorion Glasgow yn arbenigwyr ar siopau elusennau a'u bargeinion – a'r *tanning parlours* yr oedd un neu ddau ohonynt i'w cael yn Pebbles. Ni fentrais i *tanning parlour* erioed. Euthum un prynhawn i'r amgueddfa yno a deuthum i ddeall mai o'r gair

Cymraeg 'pebyll' y tarddai enw'r dref. Pwy wersyllodd yno tybed? Milwyr mae'n ddiau. Ganrifoedd yn ôl. Fy hynafiaid efallai? Daeth 'Canu Aneirin' i'm cof a'r Hen Ogledd a dyddiau'r brifysgol ym Mangor a'r *Double Diamond*. Wylais yn yr amgueddfa y prynhawn hwnnw. Ond dagrau gwella oeddynt yn y bôn. Nid nepell o Pebbles yr oedd tref arall o'r enw Penicuik. 'Pen y Gog' oedd tarddiad honno.Yno, cuddiai'r Gymraeg. A theimlais ei gwrid yn lledu drosof.

Cynhaliwyd cyfarfod cyffredinol i bawb unwaith yr wythnos ar foreau Mawrth. Profiad hunllefus i mi oedd hwnnw. Yno mynegwyd y *concerns*. A oedd gan unrhyw un 'gonsýrn' am rywun arall? A oedd un o'r dynion yn 'rhy agos' at un o'r merched neu fel arall rownd? A oedd rhywun yn encilio'n ormodol i'w ystafell? A oedd rhywun wedi sleifio ar hyd y silffoedd diod yn yr archfarchnad yn Pebbles? Yna, dylid enwi ar goedd y rhywun arall hwnnw a nodi'r consýrn. Y 'gosb' oedd colli'r trip i Pebbles a'r wibdaith bnawn Sadwrn – ac yr oedd hynny'n homar o gosb. Ofnais drwy 'mhen-ôl yn wythnosol fod gan ryw ddiawl 'gonsýrn' amdanaf fi. Ond ni chodwyd fy enw erioed. Wedyn dywedwyd am y rhai oedd wedi gadael yn ddiweddar ac wedi mynd 'allan i fan'na' ac ailgydio yn y ddiod ac wedi marw. Bron bob wythnos yr oedd rhywun. Rhywun yr oeddwn yn cydfwyta ag o neu hi yr wythnos cynt. Rhywun a oedd 'yn edrych ymlaen gimint'.

Erys un achlysur yn rhyfeddol o fyw yn fy nghof. Hwnnw oedd dydd Nadolig 2003. Nid oeddwn erioed o'r blaen wedi treulio'r Ŵyl heb fy nheulu. Bu'r Nadolig yn rhywbeth mawr i mi erioed. Medraf fynd yn sentimental ddifrifol ynglŷn ag o: clywed eto ogla tanjarîns wrth iddynt gael eu pario gan fy nhad yn y ficerdy yn Llanwnda a'r croen hyd y ffendar i gyd yn caledu yng ngwres y tân, a sŵn clec drws y popty wedi i Mam roi'r mins peis i mewn. Hen arferiad gennyf o gnocio drws y rŵm ffrynt deirgwaith a chogio bach mai Siôn Corn

45

oedd yno a'r plant yn gweiddi: 'Dowch i mewn! Rŵan!' A lliw aur croen tyrci. Cofio ffieidd-dod Mam pan ddaethom i Port gyntaf erioed a hithau'n gofyn be oeddan ni am ei 'gael' y Dolig hwnnw. Atebais innau: samon. Hithau wedyn yn gweiddi dros bob man: 'Be! Samon! Samon ar y Dolig!' (Hanner llysieuwraig oedd fy ngwraig.)

Ond yma yr oeddwn yn Castle Craig y Nadolig hwnnw ar fy mhen fy hun. Teimlais ing hynny pan ddynesai'r dydd. Pan ddaeth yr oedd yn wyrth. Yno roeddem, bron gant ohonom, wrth y byrddau ar gyfer y cinio, y therapyddion yn gweini a hwnnw'n ginio da, digon ohono a phawb yn mwynhau. Nid oedd neb yn feddw. Nid oedd neb ar gyffur. Nid oes gair arall sy'n ddigon cryf i ddisgrifio'r Nadolig hwnnw ond 'atgyfodiad'. Am yr ychydig oriau hynny cyrhaeddodd pob un wan jac ohonom bosibilrwydd arall a rheitiach yn ein bywydau. Beth bynnag a ddigwyddai i ni wedyn ar ôl gadael, am yr origau byrion hynny gwireddwyd bywyd newydd. A daeth gwanwyn byr i ganol eira'r Alban. Yr oedd hi'n aeaf caled y tu allan y flwyddyn honno. Y noson honno bu pantomeim a minnau wedi ei gyfarwyddo – o fath!

Wedi tri mis ac ar y chweched o Ionawr, 2004 – Dydd yr Ystwyll – gadewais Castle Craig. Dywedodd un o'r therapyddion wrthyf ddiwrnod cyn gadael: '*Well! Aled you've got to give it your all this time or you're fucked.*' Er na ddywedodd ddim yr oedd llygaid Tom yn edliw: '*You're not going to make it.*' Nid euthum adref ar fy union. Roedd fy nheulu am weld sut yr 'aethai pethau'. Arhosais am fis gyda ffrindiau yn Lerpwl.

Yr oeddwn wedi derbyn comisiwn ar ran Bara Caws i ysgrifennu drama ar gyfer Eisteddfod Genedlaethol Casnewydd y flwyddyn honno. Hon fyddai 'drama gomisiwn' olaf yr Eisteddfod. Credaf i Linda Brown a'r hogia, Ems a Berwyn, feddwl nad oedd dim am ddod. Ond yr oeddwn wedi ysgrifennu pytiau eisoes yn Castle Craig. Ac

yn Lerpwl y daeth *Lysh* i fod. Drama unllais ydyw –
'monodrama' – ac er bod pedwar 'cymeriad' ynddi, un sydd
mewn gwirionedd. Pwrpas ei hysgrifennu, ar wahân i
wireddu'r comisiwn, oedd medru dweud, wrthyf fi fy hun yn
bennaf: dwi'n ôl! Nid wyf yn meddwl ei bod yn ddrama
arbennig o dda, ond petai yn mynd at hynny nid wyf yn
meddwl fod unrhyw un o'm gweithiau yn arbennig o dda –
wele! yr alcoholig yn siarad. Diolch i'r drefn nad fi yw
beirniad gorau fy ngweithiau. Ac weithiau fe hoffwn hyder
ambell un sy'n ysgrifennu yng Nghymru. Ond teimlaf yn
glòs iawn at *Lysh* a medrais ei chyflwyno i ddau o'm cyd-
gleifion, Wilma annwyl a Hammy wyllt heb 'run dant yn ei
ben, ac i ddau o'r therapyddion, Craig Logan a Murray
Allen. Nid 'catharsis' oedd yr ysgrifennu ond rheidrwydd –
mae'n gas gennyf pan mae rhywun yn mynnu hynny am fy
ngweithiau oherwydd yn y tŷ bach y caf 'gatharsis'. Mae'n
rhaid i mi ysgrifennu. Rhyw farciau geiriol ar 'waliau'r' byd
nad wyf yn ei ddeall ond yn ei garu serch hynny. Ar sawl
ystyr, ffon wen fu geiriau i mi erioed ar hyd balmantau blêr
fy mywyd.

Daeth *Lysh* â fi hefyd yn ôl at gymuned y theatr. A
'cymuned' yw'r gair cywir. Nid yr awdur 'awdur-dodol' – a
sillafaf ef fel yna – oeddwn i yno fel y ficer yn ei blwyf.
Cyflwyno sgript yn unig a wnawn i a honno wedyn yn mynd
i ddwylo cyfarwyddwr ac actorion a chynllunydd set a'r un
oedd yn gyfrifol am y golau a'r sain a'r rhai oedd yn
gwerthu'r tocynnau ac yn trefnu'r lleoliadau. Pob un yn ei
phriod a'i briod faes. A phawb mor werthfawr â'i gilydd.
Gwe o greadigrwydd ydyw.

Cymuned *Lysh* oedd: Theatr Bara Caws,wrth reswm, a'r
actorion Maldwyn John – y clywaf ei lais bob tro yr
ysgrifennaf ddrama; a chredaf fod yn rhaid i bob dramodydd
glywed llais actor yn ei ben – Phil Read, Betsan Llwyd a
Rhodri Meilir. Wedyn Valmai Jones, y gyfarwyddwraig – un

sydd wedi fy mentora ar hyd fy nghyfnod fel dramodydd ac sydd wedi 'credu' ynof. Y mae fy nyled i Val yn anfesuradwy.

Lysh, heb os ac am resymau pur amlwg, yw'r mwyaf personol o fy holl weithiau. I aralleirio T. H. Parry-Williams, 'mae darnau ohonof ar wasgar hyd y ddrama'. Cynhwysa'r geiriau hyn:

> Be sy'n uffernol ydy nad oes yna ddiafoliaid allan yn fan'na yn ein rheoli ni. Mond ni ar ein pennau ein hunain. Mond fi yn edrych yn y drych. A hunllef y wybodaeth fod gen-i ddewis i feddwl yn wahanol. Chdi ydy dy labordy dy hun. Fi ydy fy arbrawf fy hun...

Maniffesto Castle Craig, efallai. Er na fyddwn heddiw yn coleddu'r tameidiau solipsistig!

Ni ddylwn fod wedi gwneud hynny, dirnadaf hynny rŵan, ond dychwelais i ofalaeth Porthmadog ar Ddydd Mercher y Lludw – am ddiwrnod i ddychwelyd! – oherwydd bod gennyf deulu i'w magu ac ni wyddwn beth arall i'w wneud. Roeddwn wedi fy mharlysu gan fy swydd erioed ac ni allwn weld y tu draw iddi. Bustachu ymlaen a wneuthum. Ond yr oedd tri llygedyn o oleuni.

Sefydlodd un o'r plwyfolion a ffrind mynwesol i mi, Carys Lake, Ŵyl Prifio yn y plwyf. Ei diben oedd ceisio meddwl yn wahanol yn grefyddol a rhoi heibio'r 'diwinyddiaethau' hesb oedd wedi cyrraedd nychdod. Y cyfan o grefydd Cymru, mewn geiriau eraill. A magu perthynas rhwng y meddylfryd 'amgen' hwn a'r celfyddydau. Hynny oedd un fflam fechan. Wedyn daeth esgob newydd i Fangor. Tony Crockett. Wrth ddyfod i'w adnabod dirnadais y medrem gydweithio â'n gilydd. Dyn o'r 'byd' ydoedd heb arlliw o'r 'duwiol' ar ei gyfyl. (Nid wyf fi erioed wedi medru delio'n dda iawn â'r rhai gorgrefyddol: y rhai sy'n honni fod 'yr Arglwydd' wedi eu galw i wneud 'hyn neu'r llall' neu symud o'r 'lle i'r lle'. Sut mae rhywun yn gwybod y gwahaniaeth rhwng 'dyma ydw i yn wirioneddol isio'i 'neud' ac 'mi alwodd yr Arglwydd fi'?) Fflam arall. Ond fflam na pharodd yn hir oherwydd cafodd ei daro'n wael â chansar a marw. Cynheuodd trydedd fflam. Gofynnodd Cefin Roberts o'r Theatr Genedlaethol i mi ysgrifennu drama. Hon fyddai *Iesu*! Byrlymodd y geiriau o 'mhen. Weithiau'n gawodydd tawel. Cofiaf i mi ysgrifennu un o 'areithiau' *Peilat* – ac yr oedd ganddo lawer! a gwyddwn mai Peilat! ydoedd ei gwir deitl – ar risiau'r Amgueddfa Brydeinig yn Llundain. (Fel yna yr oeddwn yn 'cyfansoddi' erioed: ar hyd y wlad – mewn trenau, ar gornel palmantau, mewn caffis a byth o flaen cyfrifiadur na allaf hyd y dydd heddiw ei ddefnyddio. Rhaid i mi gael teimlo'r geiriau'n cael eu sgriffio i fodolaeth ar ddarn o bapur. *Luddite* wyf fi pan ddaw hi i dechnoleg gyfoes. Wedyn rhof y darnau wrth ei gilydd fel jig-so. *Collage* yw'r gweithiau yn y bôn, nid 'cyfanweithiau'. Ar Ynys Enlli y 'gosodais' *Iesu*! wrth ei gilydd.) Methais y perfformiad cyntaf yn yr Eisteddfod Genedlaethol yng Nghaerdydd oherwydd fy mod yn sâl. Nid oherwydd alcohol! Ond oherwydd carreg yn yr aren. Yn ddiweddarach y medrais weld perfformiad anhygoel Fflur Medi fel Iesu ac un meistraidd Dafydd Dafis fel Peilat. Hir hefyd y cofiaf Llion Williams yn sleifio hyd y llwyfan fel y Caiaffas cynllwyngar.

Un peth a wn erbyn hyn am y cyfnod hwnnw yw nad oeddwn yn edrych ar ôl yr alcoholiaeth. A rhywbeth i edrych ar ei ôl ydyw, nid dweud ei 'fod wedi mynd'. Dylwn yn ôl rhai fod wedi mynychu cyfarfodydd AA yn rheolaidd. Teimlas innau ar brydiau yn 'euog' am hynny. Ond gwyddwn na fynychais yr un o'u cyfarfodydd am y cyfnod y bûm yn Lerpwl ac ni yfais o gwbl. Y gwir yw nad wyf yn or-hoff o AA. Mudiad crefyddol ydyw yn ei 'hanfod'. Mae i'r cyfarfodydd siâp litwrgi pendant. Mae 'duw' yn rhan allweddol o'u 'cred'. Mae ganddynt 'ysgrythur' a elwir – ie! – Y Llyfr Mawr (*The Big Book*). Daw pob cyfarfod i ben â gweddi. Ac ni allaf oddef am yn hir iawn storïau pobl yn sôn am eu helbulon alcoholig. Mae hefyd yn 'efengylaidd' iawn ei naws gan honni os nad yw rhywun yn rhan o AA yna y bydd ef neu hi yn bownd o 'syrthio'. Nid yw hynny'n wir o gwbl. Roedd Lerpwl wedi profi hynny i mi. Yr oedd drwyddo draw yn rhy debyg i 'eglwys'. Teimlaf yn aml fod sawl un wedi ffeirio alcohol am AA. Y mae rhywbeth am AA sy'n gaethiwus – rhaid mynd i'r cyfarfodydd, rhaid credu'r ddysgeidiaeth. A rhyfeddaf ambell dro gymaint o gyn-alcoholigion sy'n ffendio eu ffordd i sectau efengylaidd-ffwndamentalaidd gan gyfnewid un caethiwed am gaethiwed arall. Yr ydym fel alcoholigion yn ofni ein rhyddid a'n gallu i sefyll ar ein dwydroed ein hunain heb 'faglau' rhywbeth neu'i gilydd. Wedi dweud hynny, os yw'n gweithio iddynt hwy yna boed felly. Ond nid yw at fy nant i. Arwydd o rywbeth dyfnach yw alcohol nid y broblem waelodol. Yn ôl AA alcohol ei hun yw'r broblem oherwydd mai 'afiechyd' yw alcoholiaeth. Rwy'n gwrthod hynny. Cuddio anniddigrwydd mwy y mae. Mwgwd ydyw ar wyneb rhywbeth llawer hyllach.

Ond nid oeddwn yn 'gwarchod' fy alcoholiaeth.

Llithrais yn ôl i'r ddiod wedi pedair blynedd a mwy o fod hebddo. Nid oedd dim i'w weld yn 'ddigon' i mi. Fyth. Daeth y trên i Fangor ac aeth y trên i Gaeredin. Cyrhaeddais Castle Craig am y trydydd tro. Y noson honno yno cofiais fy mod wedi breuddwydio am y lle hwn ryw flwyddyn ynghynt; y lle hwn a'i ddiogelwch. Pythefnos yn unig y bûm yno oherwydd bu farw Mam. Dychwelais i gymryd ei chynhebrwng ac i roi'r deyrnged iddi. Dyma oedd fy nymuniad a'm dyletswydd. Ni châi neb gladdu Mam ond y fi. Roedd hi'n naw deg a phedair mlwydd oed. Wedi'r gwasanaeth ac yn ôl yn y tŷ dywedodd fy merch, Bethan, wrthyf fod 'hyn'na'n teimlo fel dy wasanaeth ola' di, Dad.' Dwi ddim yn amau nad oedd hi'n iawn ond bu gwasanaethau eraill. Medrais rhywsut fynd drwy'r Nadolig a heibio i'r flwyddyn newydd, 2009 ond ynof 'gwyddwn' fod alcohol yn hel ei finteioedd.

Euthum ar encil i Walsingham y mis Chwefror dilynol. I'r rhai na wŷr, canolfan Uchel Eglwysig iawn, iawn ydyw yn Swydd Norfolk. Er nad wyf yn un o'r Eingl-Gatholigion (fel yr oedd Glasynys a'i enw yn yr hen gofrestr honno flynyddoedd yn ôl), hoffais rin Walsingham erioed. (Rhyw glytwaith crefyddol wyf fi: hoffaf ddefod; treuliais flwyddyn pan oeddwn yn L'Arche gyda'r Crynwyr; y flwyddyn ganlynol fe'm derbyniwyd yn llawn aelod o'r Eglwys Gatholig Rufeinig a bu gennyf ddiddordeb oes mewn Bwdïaeth.) Ond prif atynfa Walsingham y flwyddyn honno oedd arweinydd yr encil: Brian Thorne. Gŵr a fu am gyfnod yn athro cwnsela ym Mhrifysgol East Anglia ac awdur llyfrau da iawn ar y berthynas rhwng therapi a chrefydd. Ei thema oedd 'Yr hunan dilys'. Dychwelais o'r encil ar y dydd Sadwrn. Y bore Sul canlynol euthum yn ôl fy arfer yn gynnar iawn i Eglwys Sant Ioan, Porthmadog i drefnu 'pethau' ac yno yn y bore bach lledodd drosof yr ymwybyddiaeth uffernol nad oedd gennyf fi hunan dilys o gwbl. Yr oedd yn rhyw fath o 'droedigaeth' ddirfodol. Yfais ar gorn hynny. A daeth i fy rhan y llithriad mwyaf a gefais erioed a barodd bythefnos ond a deimlai fel dwy flynedd. Chwaraeais â chyllyll a bygwth hunanladdiad. Nid oedd yn y bôn yn fwriad pendant, mi wn hynny. Ond yr oedd yn ddigon i ymwelydd o'r plwyf oedd yn y ficerdy ar y pryd alw'r heddlu. Canlyniad hynny fu fy 'restio er fy lles fy hun a threulio gweddill y diwrnod yng ngorsaf yr heddlu ym Maesincla, Caernarfon mewn cell. Nid tan i ni gyrraedd y Groeslon y sylweddolais fy mod yng nghefn car heddlu. Cofiaf ofyn i'r heddwas: 'Be dwi'n da'n fa'ma?' Aethpwyd â fi o orsaf yr heddlu, wedi i'r lefelau alcohol ostwng yn y gwaed, i Uned Hergest yn Ysbyty Gwynedd, yr uned seiciatryddol. Roeddwn wedi bod yno ddwywaith o'r blaen, flynyddoedd ynghynt, am ddi-tocs. Y tro yma nid oeddynt am fy nerbyn gan nad oeddwn yn ddigon drwg. Duw a ŵyr pa mor 'ddrwg' yr oedd yn rhaid i rywun fod cyn cael mynediad. Nid oedd ond un lle i mi fynd: yr Alban a Castle Craig. Ar ôl cael cadarnhad fy mod yn cael mynd yno rhoddais y gorau i yfed ac nid wyf wedi yfed hyd y dydd heddiw. Teimlais amddiffynfeydd y lle yn cau amdanaf ymhell cyn imi gyrraedd. Gwyddwn ar y trên y bore Llun hwnnw fod fy nghyfnod fel offeiriad mewn gofal plwyf yn yr Eglwys yng Nghymru ar ben. Am byth. (Hwyrach hefyd y gwyddwn rhywbeth arall yr oedd yn amhosib i mi ei gyfaddef i mi fy hun ynghynt: na fedrwn adael yr Eglwys tra oedd Mam yn dal yn fyw. Yn sgil ei marwolaeth hi nid oedd dim bellach i'm rhwystro. Efallai mai dyna a synhwyrodd fy merch Bethan ar ddydd angladd ei nain pan ddywedodd wrthyf na fyddwn i byth yn cynnal gwasanaeth eto.) Yr oedd y cyfnodau rhwng llithriad a llithriad yn byrhau fel sy'n digwydd wrth gwrs ac roedd effeithiau alcohol yn cynyddu yn eu grymuster a'u nerth. Yr oedd fy ffydd yn shwrwd, mor shwrwd fel na allwn â dilysrwydd gario ymlaen â gweinidogaeth onest a didwyll. Ond yr oedd rhywbeth arall. Dirnadais ar y trên – yn rhyw how-ddarllen *Later Life*, sonedau Christina Rossetti – fy mod i wedi cael digon ar alcohol. Digon oedd digon. Roedd fy nghorff wedi cael digon. Rhywsut 'clywais' fy iau, fy arennau, fy stumog a'm llygaid yn 'siarad'. Yr oeddynt yn 'erfyn' arnaf i roi'r gorau iddi. Nid oeddwn wedi teimlo hynny erioed o'r blaen.

Hwyrach i mi ar y trên honno sylweddoli rhywbeth mwy – er na fedrwn ar y pryd, mae'n debyg, fod wedi ei roi mewn geiriau – sef hyn: nad 'brwydro' yn erbyn alcohol oedd y peth o gwbl ond 'ildio' iddo. Cyfaddef fod hwn yn drech na fi; yn llawer, llawer mwy na fi ac y curai fi'n rhacs bob tro. Hwn oedd teyrn fy mywyd. Wrth 'frwydro' yn ei erbyn yr oeddwn rhywsut yn ei gryfhau a'i nerthu ar yr un pryd. Wrth 'ildio' iddo, cyfnerthu fy hun a wnawn. Yn yr 'ildio' nid yn y 'brwydro' yr oedd meddyginiaeth. Dyna baradocs gwellhad a gwella. Drwy ddirnad alcohol fel 'cyfaill' ac nid fel 'gelyn', collodd ei nerth. Peth od iawn i'w ddweud a'i wneud. Ond hynny oedd y 'tric'.

Pan adewais Castle Craig ar ôl bod yno am fis, dywedodd Gordon, y prif therapydd, hyn wrthyf: 'Gad i'r feddyginiaeth ddigwydd ohoni ei hun. Paid ti ag ymyrryd o hyn ymlaen. Llanasd yr wyt ti wedi'i greu o'r cychwyn cynta!'

Hyd yn hyn yr wyf wedi gadael i 'rywbeth' ddigwydd yn rhydd o fy ymyrraeth i.

Rhyw duchan ddaru Tom pan adewais. Dyna'r gorau y medrwn ei ddisgwyl oddi wrtho, er bod hynny'n fwy 'cadarnhaol' na'r troeon blaenorol. Bodlonais ar hynny.

Ffynnodd Gŵyl Prifio 2009 tra oeddwn i yn Castle Craig a ninnau wedi llwyddo i ddenu enwau 'mawr' o'r byd rhyddfrydol crefyddol: yr Esgob Richard Holloway o Gaeredin, yr Esgob Jack Spong o'r Unol Daleithiau a'r athronydd agnostig Mark Vernon. Yno hefyd y daeth Menna Elfyn, Sharon Morgan, Mim Twm Llai a Steve Eaves. Ond nid oeddwn i yno.

Yr wyf bellach ers bron iawn i dair blynedd yn rhydd o afael alcohol. Golyga hynny fy mod yn byw bywyd lled encilar bellach, rhy encilgar yn ôl rhai. Mewn confalesans crefyddol yn 'syrjyri'r' Bwdistiaid yn Rhos-lan, er nad wyf yn Fwdydd, wedi ymddiswyddo'n derfynol, barhaol o'r Eglwys yng Nghymru. Ond 'gwn y sgôr', ys dywedant. Yr wyf yn hynod o wyliadwrus; mwy gwyliadwrus nag y bûm erioed. Oherwydd gwn nad oes cyfle arall i mi. Yn wyrthiol nid wyf wedi andwyo fy nghorff. Mae'n rhaid fod cyfansoddiad Mam gennyf. Fy nghwestiwn cyntaf pan gaf wahoddiad i unrhyw le yw: a fydd yno alcohol? A chan fod alcohol fel duw'r emynydd yn 'llond pob lle' a 'phresennol ym mhob man' drwy Gymru gyfan a thu hwnt, prin iawn yw'r lleoedd y medraf fynd iddynt. Ambell dro bydd rhywun yn dweud wrthyf, o garedigrwydd wrth reswm: 'Ond peidiwch â phoeni, mi fydd yna orenjiws yna ar 'ych cyfar chi.' Dduw mawr o'r nef, i beth y mae rhywun fel fi eisiau orenjiws a minnau yn yfwr alcohol proffesiynol. Af i Bwllheli bob tair wythnos at Ken y cynghorydd alcohol ar ran CAIS ac y mae hynny'n gweithio. Mae gennyf o hyd gysylltiad â Castle Craig. Ond y fi sy'n gwybod y sgôr. Neb arall. Weithiau clywaf gnoc egwan ar ddrws fy nghalon. Mi wn pwy sydd yna.

Teimlaf o hyd yn agos, gynnes at fy nghyd-alcoholigion. Ni allaf fyth basio yr un sy'n begera am arian er mwyn cael 'cwpanaid o de'. (A na! nid wyf yn ddigon 'diniwed' i beidio â dirnad fy mod efallai – yn fwy na thebyg! – yn 'talu' i rywun arall yfed yn ddirprwyol ar fy rhan.) Deallaf i'r dim ei 'syched' a theimlaf ei boen, nid o hirbell ond ynof fi fy hun. Weithiau mewn 'torf' siwtiedig, ddosbarth canol, lenyddol neu fel yr arferai fod, goler-gronol, ddiwinyddol ymhonnus, dyheaf a dyheais am eu cwmpeini 'twyllodrus' oherwydd bod rhywbeth gonestach ynddynt hwy nag yn y lleill. Rywsut yr oeddynt wedi cyrraedd dyfnderoedd duon y galon na allasai'r gweddill ond megis sôn amdano neu ysgrifennu amdano. Yn eironig ddigon cefais rhyw rodd na ddymunwn fod hebddo bellach gan alcoholiaeth, er dymuno'r daer ond ofer na fyddai erioed wedi digwydd i mi. Rhywbeth y mae a wnelo fo â thrugaredd a maddeuant. Nid fel dogmâu ond fel profiadau bob dydd, cwbl angenrheidiol. Un a gafodd drugaredd ac a faddeuwyd iddo ydwyf fi. Ffieiddiaf a diolchaf am alcoholiaeth ar yr un pryd. Yr un 'fan' yw melltith a bendith yn y diwedd – ond ar wahanol adegau yn ein hymwybyddiaeth. Ni wn erbyn hyn ymhle y mae Wilma a Hammy a'r lleill ond nid oes diwrnod yn mynd heibio na feddyliaf amdanynt a'u cofio gydag anwyldeb mawr.

Dof â'r bennod hon i ben ei thalar drwy adrodd hanes digwyddiad o'r cyfnod alcohol: digwyddiad a'i oblygiadau sydd yn gwbl effro yn fy nghrebwyll o hyd. Pan oeddwn yn Uned Hergest yn Ysbyty Gwynedd ym Mangor, yn ystod yr ail o'r ddau ddi-tocs a gefais yno, daeth gwraig o'r plwyf i'm gweld. Yn anrheg i mi daeth â chactws, neu Sion-heb-siafio, ys dywedir. Fe'i gwelaf rŵan, yn dal y planhigyn bychan mewn potyn llai a phen melyn, pigog arno a'i gyflwyno i mi. Cofiaf feddwl ar y pryd fod hwn yn anrheg pur od i'w roi i rywun oedd yn dadwenwyno o effeithiau alcohol mewn uned seiciatryddol! Rhyw dair blynedd yn ddiweddarach euthum i Lundain i gynhadledd undydd ar alcoholiaeth. Yno disgrifiodd y prif siaradwr fel y bu i seiciatrydd anfon un o'i gleifion a oedd yn gaeth i'r ddiod i un o'r tai gwydr yng Ngerddi Kew. Wedi i'r claf ddychwelyd holodd y meddyg ef am yr hyn a welodd. Dim byd, oedd ei ateb. Ebe'r meddyg: Mi ddylech fod wedi sylwi ar y cacti. Planhigion sydd yn medru byw heb fawr iawn o ddŵr a ffynnu, fel y medrwch chi hefyd fyw heb y ddiod a ffynnu. Ni fedrai'r wraig fwyn o Forfa Bychan fyth fod wedi dweud wrthyf fi am roi'r gorau i'r holl lymeitian: roedd hi'n rhy annwyl a swil a thyner i hynny. Ond dewisodd ei 'hisymwybod' anrheg ar ei rhan i ddweud hynny wrthyf ac i mi yn ddiweddarach pan oeddwn yn well ac yn fwy tebol o'i ddeall gael esboniad ar arwyddocâd yr anrheg hwnnw gan rhywun arall, dieithr. I mi y mae hon yn stori ryfeddol iawn.

Roedd y cactws yn fwy na rhodd: symbol ydoedd. A bod yna oddi tanom 'eigion' llawn symbolau y deuwn 'iddo' pan fo amgylchiadau rhywsut yn dyfod at ei gilydd i beri i hynny ddigwydd. A'n bod yn gweithredu bryd hynny nid fel unigolion ar wahân ond fel cymundeb. Yn fy amgylchiadau i yr oedd 'trindod' ddi-wahân: y rhoddwr, y derbynnwr, yr esboniwr. Rhywsut 'un' oeddem. Er bod amser, blynyddoedd, rhwng y digwyddiadau, roedd 'cyfnod' y symbol yn 'dragwyddol'. A feiddiaf awgrymu mai rhyw 'nam', neu 'goll', neu 'glwyf' sy'n rhoi cip i ni ar yr 'eigion' cyd-gysylltiol a dwfn hwn? A bod cytgord agos iawn, iawn rhwng 'archoll' a 'rhyfeddod' fel y darganfu Pwyll ar Orsedd Arberth yn y gyntaf o'r Pedair Cainc. A bod hyn nid i'r dethol ond i bawb. Ac ym mhawb.

DUW
(*Hunangofiant Cred*)

'*When a man talks to you in a way that you don't understand about a thing he does not understand, them's metaphysics*' – Cousin Philis, Elizabeth Gaskell

Yr wyf wrth fy anian yn ddyn 'crefyddol'. Y 'crefyddol' yw fy ngreddf o hyd. Nid yw hynny'n golygu fy mod yn 'ddyn da' o gwbl. Nid ydwyf. Ond dywedaf hynny am fod cymaint yn camgymryd pobl grefyddol am bobl dda. Y mae rhai. Ond y siort ora' a welais i erioed oedd pobl nad oeddynt yn proffesu unrhyw grefydd. Rafins ran amlaf a halen y ddaear ar yr un pryd a rannai eu calonnau ag unrhyw un. Bydolwg yw'r 'crefyddol'. Ffordd o edrych ar y byd a'i 'ddehongli'.

'Wrth fy anian' meddaf. Beth a olygaf? Fel arfer 'rhennir' pobl i'r rhai sy'n credu a'r rhai nad ydynt yn credu. A bod rhywbeth 'ar goll' yn y rhai nad ydynt yn credu o du'r credinwyr; fod bywyd rhywfodd yn 'salach' a 'thlotach' oherwydd eu 'diffyg' cred. Hyn, wrth gwrs, yw prif sail cenhadaeth. Nid wyf yn coleddu hyn o gwbl. A cheir rhyw fath o israniad ymhlith y credinwyr eu hunain: y rhai sy'n credu'r pethau *iawn* a'r rhai sy'n cyfeiliorni yn eu cred. Yr *uniongred* a'r *hereticiaid* fel roedd hi'n arfer bod. Anaml y clywir am *anian* fel sail i gred o unrhyw fath. Beth yn fy natur i sy'n fy ngwyro tuag at grediniaeth o gwbl a rhywbeth yn natur rhywun arall sy'n eu troi at anghrediniaeth? Pam mae ambell un yn medru byw'n hapus iawn â chred mewn 'uffern' a minnau'n cael y gred honno yn un o'r pethau mwyaf gwrthun y gwn amdano? Nid y gred yw'r man cychwyn, dybiaf fi, ond anian y crediniwr ei hun.

Awdur sydd o help garw i mi yw'r seicdreiddydd Adam Phillips. Mewn traethawd o'r enw '*Psychoanalysis and Idolatry*' a gyhoeddwyd mewn llyfr o'i eiddo sy'n dwyn y teitl hollol hyfryd *On Kissing, Tickling and Being Bored*, dywed hyn:

*The psychoanalytic question becomes not, Is that true?
but What in your personal history disposes you to believe
that?...What is the unconscious problem that your belief
solves for you, or the wishes that it satisfies? In therapy it
is always an interesting question to ask someone in a state
of conviction, what kind of person would you be if you no
longer believed that?*

Ia! ddywedwn i. Beth ynof sydd yn fy ngogwyddo – *disposes*
yw gair Phillips – tuag at y crefyddol o hyd? 'Ateb' i beth
ynof fi yw hynny?

Y mae a wnelo â gwneuthuriad fy mhersonoliaeth a bod
y bersonoliaeth yn 'dewis' y gred sy'n gweddu iddi neu
beidio. Rwyf fi wrth natur yn un sy'n medru byw efo llawer
iawn o ansicrwydd. Mae rhywbeth ynof nad ydyw eisiau
gwybod pob dim ac sy'n awchu cyfrinach a dirgelwch. Nid
diffyg chwilfrydedd yw hyn ond rhyw 'allu' i ddygymod â'r
penagored. Caf 'atebion' ambell dro yn llawer *llai* na'r
cwestiynau sy'n *fwy*. O ba le y daw hyn ni wn, na pham.
Ymdreiddia hynny i'm cred. Nid oes ynof yr awydd lleiaf am
'sicrwydd' o fodolaeth Duw. Ar y cyfan, nid wyf yn meddwl
bellach fod unrhyw 'dystiolaeth' o gwbl dros fodolaeth Duw.
I'r gwrthwyneb, ddywedwn i, a bod yna fwy o dystiolaeth o
lawer yn *erbyn* ei fodolaeth. Bu rhwyg ynof erioed rhwng fy
nghrebwyll anffyddiol a'm calon grediniol. Tystiolaeth neu
beidio, nid yw hynny erioed wedi fy ngyrru oddi wrth Dduw
i le o anffyddiaeth. Erioed. Mae Duw yn wirionedd yn fy
mywyd. I eraill, wrth gwrs, y mae ansicrwydd yn drysu eu
bywydau. Os y bydd ganddynt unrhyw gred, yna cred llawn
sicrwydd fydd honno. Anian yn y bôn sy'n pennu fod un yn
rhyddfrydwr crefyddol fel myfi a'r llall yn ffwndamentalydd
crefyddol. Eilbeth i'r bersonoliaeth yw cred.

Yn yr un cywair *Y Beibl*. Nid oes raid iddo fod yn llyfr
'sanctaidd' i mi fedru ei werthfawrogi. Ynddo deuaf ar draws

y gwych a'r gwachul. Cynhwysa'r *Beibl* ddarnau tra phrydferth. (Go brin fod unrhyw beth yn llenyddiaeth y byd sy'n rhagori ar emynfawl Paul i gariad yn ei lythyr at y Corinthiaid.) Cynhwysa hefyd lolgyboitsh llwyr. Y mae'r disgrifiad o'r haul yn aros yn ei unfan yn Josua 10:13 yn un enghraifft yn unig. Petai hynny wedi digwydd byddai unrhyw beth nad oedd wedi ei 'hoelio' i'r ddaear yn chwyrlïo yn y gofod hyd y dydd heddiw, oherwydd byddai wedi teithio ar gyflymder anhygoel i'r gofod hwnnw. Medrir dweud fod pethau cyffelyb yn *Y Mabinogi* a'r *Odysi*. Ond nid yw'r testunau hyn yn honni rheoli bywydau pobl na'u bod o 'ddwyfol ordinhad'.

Yn *Y Beibl* ceir pethau adeiladol iawn i'r galon. Pethau dinistriol i'r ddynoliaeth achlân hefyd. Weithiau pan fyddaf angen cynhaliaeth 'enaid' mae Shakespeare yn rhagori ar *Y Beibl*. Dro wedyn fel arall y bydd hi. Ond nid oes raid i mi ddewis rhyngddynt fel yr arferai'r *Observer* holi gwestai mewn holiaduron dro'n ôl: Shakespeare neu'r *Beibl*? Mae rhyw 'ryddid' yn fy anian yn fy ngalluogi i ddweud hyn. Eto, o ba le y daeth y 'rhyddid' hwnnw ni wn. Y mae anian eraill yn eu gwyro tuag at lythrenoldeb llwyr a bod pob gair o'r *Beibl* yn wir i gyd ac os y medrir 'profi' gauwiredd unrhyw adnod yna cwymp eu cred gyfan yn deilchion – unig ddewis ffwndamentalydd crefyddol yw anffyddiaeth ffwndamentalaidd. Nid dweud wyf fi mai fi sy'n 'iawn' a hwythau ar chwâl – nid oes gennyf ddidordeb mwyach fel ag y bu gennyf dro'n ôl mewn dadlau â ffwndamentalwyr; gwastraff ar egni ydyw – y cwbl a honnaf yw mai anian sy'n bennaf gyfrifol am ein safbwyntiau gwahanol.

A'r tu ôl i anian – yn wir yn ei greu – y mae magwraeth a phrofiadau bywyd. Nid oes dim gwell i 'fagu' ansicrwydd nag alcoholiaeth, er mai awch am 'sicrwydd' ar un wedd yw un 'diffiniad' posibl o'r cyflwr hwnnw. Drwy gaddug alcohol mae pob dim yn gwneud 'sens' a'r byd yn glên drwyddo draw. Hebddo y mae popeth yn 'flêr', yn 'simsanu' ac yn 'ansad'.

Dywedaf eto, y mae 'rhywbeth' yn fy anian sy'n barhaus yn fy llusgo i gyfeiriad y 'crefyddol'. Ond beth yw'r 'crefyddol'? Ers talwm byddwn wedi sôn am 'eglwys' neu 'offeiriadaeth' neu 'gred' neu 'ddefod' neu 'lannau'. Bellach nid wyf yn t'wllu drws unrhyw eglwys ac ni fwriadaf wneuthur hynny fyth eto.

Yr oedd si ar led fod R. S. Thomas wedi llosgi ei gasog ar ei ymddeoliad ond ni feiddiais erioed fagu'r plwc i'w holi a oedd hynny'n wir ai peidio pan fynychai'r gwasanaethau yn Port a minnau'n berson yno. Ond dyna a wneuthum i, er i'r gasog wrthod cynnau oherwydd ei bod wedi ei throchi mewn *flame retardant*. Felly aeth fy offeiriadaeth i fyny mewn mwg os nad mewn fflamau. Rhoddais hi yn y bun lludw y bore wedyn. Roeddwn yn bendant fy mod yn mynd i gloi pob drws ar fy ôl y tro hwn wrth adael. Llosgais fy mhregethau hefyd. Eto, er difa'r pethau hyn i gyd rwy'n dal yn 'grefyddol'. Yn fwy felly i ddweud y gwir. Bu bron i'm cyfnod yn yr Eglwys yng Nghymru fy ninistrio fel 'bod crefyddol'. Ni ddylid erioed fod wedi fy ordeinio i.

Sut felly wyf fi i ddeall y 'crefyddol' hwn? Wn i ddim yw'r ateb cywir. Hwyrach mai'r gair ei hun sy'n gwneud y tric. Hwyrach mai chwarel o air ydyw ac nad yw geiriau eraill 'tebyg' iddo yn ddim ond megis rhoi fy llaw yn fy mhoced gan nad ydynt yn ddigon dwfn. A phan deimlaf ddyfnder – o flaen cerfluniau John Meirion Morris neu Alberto Giacometti, dyweder, neu ddramâu a rhyddiaith olaf a chwta Samuel Beckett – yna'r gair 'crefyddol' a ddaw ar fy nhafod yn naturiol. Hwyrach nad yw'n ddim 'mwy' na hynny.

Ond yma eto galwaf ar seicotherapydd arall i'm tynnu allan o dwll. Andrew Samuels y tro hwn mewn traethawd o'r enw '*A New Anatomy of Spirituality*'. ('Ysbrydoledd' yw gair Samuels. 'Crefyddol' yw fy ngair i.) Dywed:

When Captain Cook's ship The Endeavour *anchored in Botany Bay a little over a couple of hundred years ago, the aboriginal people did not recognize it as a ship because it was simply so big and so different from what they had in their mind as 'ship'. We don't know what they did think, but we know they didn't think it was a ship. It was only when the smaller longboats – rowing boats – were lowered into the water that the aboriginal observers of this scene realized that there were boats involved, and that there were people in the boats. Spirituality, if we are trying to define it, is something like that. In Bani Shorter's memorable phrase, everything is 'susceptible to the sacred'. This is a very good one-liner to indicate what happens before you can term something spiritual. Something has to happen that involves you 'clocking it', to use the modern argot. For everything can be susceptiable to the sacred...*

A hynny yw'r peth debygaf fi. Adwaen i y 'crefyddol' pan y 'gwelaf' ef. A 'gwelaf' ef yn aml y dyddiau hyn. Mae'r gair gennyf eisoes ac felly trosglwyddaf y gair ar yr hyn a 'welaf'. Nid oes angen nac 'eglwys' nac 'enwad' nac 'offeiriadaeth' i ddirnad y crefyddol. Ar un wedd, lleihau y crefyddol y mae'r pethau hyn, nid ei fawrhau. Gosodant amodau arno: creant 'wŷr dethol' i'w 'gyfryngu'; holltant ef i'r 'cysegredig' a'r 'bydol'; dosbarthant ef rhwng y 'breintiedig' (yr 'ordeiniedig') a'r 'israddol' (y 'lleygwyr') – a 'mwy' ohono i'r naill na'r llall. Mae'r 'crefyddol' i bawb; i'r *demos*.

Ond rhywsut rwyf angen mwy. A dof ag Adam Phillips yn ôl i'm cynorthwyo. Cofier nad diwinydd nac athronydd wyf fi ond rhyw 'ddiletant' yn y pethau hyn i gyd. Ebe Phillips yn ei draethawd '*Depression*' yn ei lyfr On Flirtation:

But psychoanalysts have worked on the rather misleading principle that psychoanalysis is useful or interesting only if it is in some sense right, rather than believing that it is another good way of speaking about certain things like love and loss and memory, as songs can be (and that, also like songs, it is only ever as good as it sounds).

Ia, 'nte! Stori dda yw'r 'crefyddol' sy'n sugno i'w gwead brofiadau chwâl a chwil fy mywyd a rhoddi siâp iddynt. Nid oes gan fy mywyd naratif heb y 'crefyddol'. Ffordd o siarad am y pethau sy'n cyfrif ydyw – cariad, colled, cofio, Phillips. Cymer gymalau gwasgaredig fy mywyd i mewn i'w Chystrawen ei hun.

Ond 'A yw hi'n "wir"?' clywaf rhywun yn dobio'r bwrdd. Beth ydyw'r ots! Nid wyf erioed wedi eistedd drwy berfformiad o *King Lear*, fy hoff ddrama, yn denshan yn fy nghroen oherwydd fy mod yn 'poeni' a oedd y stori hon wedi digwydd mewn gwirionedd yn hanesyddol. Oedd hi'n ffeithiol gywir ai peidio?

Daw fy obsesiynau alcoholaidd i'r fei wyneb yn wyneb â *Lear*. Rwyf fi'n 'anorac' y ddrama hon. Ers 1994 rwyf fi wedi gweld pob cynhyrchiad posibl yn yr ynysoedd hyn. Hwyrach, oherwydd mai hi oedd y ddrama gyntaf i gael 'gafael enaid' ynof – roedd hi'n destun astudio ar gyfer fy arholiadau Safon 'A' Saesneg yn Ysgol Dyffryn Nantlle, Pen-y-groes.

Cynhwysa linellau pwysicaf fy nghalon: *'And take upon's the mystery of things/As if we were God's spies.'* Ai dyna yw ysgrifennu i mi, tybed: ysbïo? Yno, yn ôl y sôn, y mae hoff linell Samuel Beckett: *'The worst is not,/So long as we can say "This is the worst".'* Bod iaith rhywsut yn 'drosgynnol'; yn 'arf' yn erbyn y 'gwaethaf'. Ai dyna a ddywedir?

Ond y mae rhywbeth arall am *Lear*. Ei phrif air, debycaf fi, yw 'nothing'. 'Speak,' ebe Lear wrth ei ferch Cordelia, gan geisio ganddi ei ganmol a'i fawrygu yn fwy na'i dwy chwaer, Gonerill a Regan. Beth a ddywed Cordelia?: '*Nothing, my Lord.*' '*Nothing?*' etyb Lear. '*Nothing,*' ebe hithau drachefn. '*Nothing,*' meddai Lear yn ôl, '*will come of nothing. Speak again.*' Y mae'r gair '*nothing*' yn frith drwy'r ddrama. A'r *Fool* yn goglais Lear ag ef yn aml. 'Dim byd' yw ystyr '*nothing*' i Lear. 'Popeth' yw ei ystyr i Cordelia. Iddo ef, twll ydyw. Iddi hi, llawnder. Dylanwad y ddrama hon yn bennaf peth a'm myfyrio arni a'm harweiniodd at un o'm 'syniadau' llywodraethol sydd wedi peri penbleth i rai: gwacter. 'Gwacter' yw swm a sylwedd fy nealltwriaeth grefyddol. Defnyddiaf ef yn ystyr Cordelia o'r gair. Mynnaf wahaniaethu rhwng 'gwacter' a 'cheudod'. Fel y gwahaniaethaf rhwng 'distawrwydd' a 'mudandod'. Pethau ysbrydol yw 'gwacter' a 'distawrwydd'. O'r 'fall' y daw 'ceudod' a 'mudandod'. Yn *Y Cylchoedd Perffaith* y mae cerdd â 'Duw' yn deitl iddi. Un o ddwy efo'r teitl hwnnw. I mi mae'n gerdd bwysig iawn yn bersonol. Nid yw'n cynnwys geiriau o gwbl. Tudalen o wacter sydd yna. Mewn colofn yn y *Western Mail* dywedwyd hyn:

Falle ddylwn hefyd longyfarch Aled Jones Williams ar dorri ei farddoniaeth i'r asgwrn yn ei gasgliad newydd o gerddi. Mae ei gerdd 'Duw' yn ddieiriau. Beth ddigwyddodd? Cael trafferth cwblhau'r llyfr mewn pryd? Mae'r ffaith i'r gerdd gael sylw yn dweud cymaint amdanom ni Gymry ag am y bardd ei hun. Y cyfan alla i ddweud yw argymell iddo ddysgu am 'Ladd Duw' wrth ddarllen campwaith Dewi Prysor, sy'n llenwi'r bwlch mewn 120,000 o eiriau cyflawn, gonest.

Wel! – dim cweit! Nid fy mwriad i erioed oedd 'Lladd Duw' ond ei fawrygu. Byddai un gair wedi bod yn ormod heb sôn am dros gan mil ohonynt. Llun o'r gwacter yw'r gerdd. Cerdd i edrych arni yw hi. Nid oes gair Cymraeg hafal â'r gair Saesneg *contemplation* – nid yw 'synfyfyrio' rhywsut yn gwneud y tro – ond dyna yw'r gerdd – *contemplation*. A hwyrach fod y sylwadau yn y *Western Mail* yn dangos pa mor dlodaidd ydym ni'n grefyddol yn y Gymru Gymraeg. Yn y bôn, geiriogrwydd yw Protestaniaeth. 'Nothing' Cordelia yw'r gerdd. 'Popeth' sydd yna, oherwydd byddai sôn am 'dduw' yn 'ei' leihau. Y mae a wnelo 'gwacter' â'r diffyg mewn iaith i ddal 'hanfodion'. Mae dweud bob amser yn salach peth na'r profiad creiddiol, er gwyched ambell dro yw'r dweud. 'Copi' ydyw.

Yn grefyddol perygl parhaus 'sôn am dduw' yw eilunaddoliaeth. A dyna'n union yw ffwndamentaliaeth a llythrenoldeb Feiblaidd: eilunaddoliaeth. Yn y ddeubeth hyn y mae 'duw' a'r 'dweud' yn gyfystyr.

Yr un 'gwacter' sydd yn y 'bedd gwag'. Anallu iaith yw dweud fod bedd yn 'wag'; nid disgrifio rhyw *special effects*. Yr un peth a geir yn 'Y Sgwâr Gwyn' gan yr arlunydd Rwsiaidd Kazimir Malevitch – ei ffurf a'i siâp fel eicon yn yr Eglwys Uniongred. Ac i ryw raddau yng ngherfluniau cyfoes Rachel Whiteread, ymhle y mae hi'n llenwi'r gwagle mewn wardrob, neu'r gwagle o dan fatras, gwagle tŷ a gwagle twll-dan-grisiau, efo resin neu blastar cyn tynnu ymaith y pren neu'r muriau a gadael gwacter 'soled'.

Nid ar ryw chwiw neu fympwy y penderfynais i 'ysgrifennu' 'Duw'. Cymerodd bron i hanner can mlynedd i mi fedru ei chyrraedd – neu'n fwy cywir, iddi hi fy nghyrraedd i. (*King Lear* a aeth â fi ar drywydd y pethau hyn i gyd.) Perthyn i'r celfyddydol y mae'r 'crefyddol', nid i'r gwyddorau. Delwedd a delweddau ydyw, nid ffaith a ffeithiau. Cerddi yw'r crefyddau. Ac fel y dywedodd y bardd o Awstralia, Les Murray: '*God is the poetry caught in any religion,/caught, not imprisoned.*' Nid oedd, nid oes, ni fydd 'tystiolaeth' empiraidd o'i 'wirionedd'. Ond tra bwyf 'ynddo' newidir fy mywyd, ei drywydd a'i ogwydd.

A dyna, decin-i, sydd y tu ôl i un o gerddi hyfrytaf George Herbert:

The Quiddity

My God, a verse is not a crown,
No point of honour, or gay suit,
No hawk, or banquet, or renown,
Nor a good sword, nor yet a lute:

It cannot vault, or dance, or play;
It never was in France or Spain;
Nor can it entertain the day
With great stable or demesne:

It is no office, art, or news,
Nor the Exchange, or busy Hall;
But it is that which while I use
I am with thee, and Most take all.

Sôn am natur barddoniaeth y mae Herbert gan ddweud nad yw barddoniaeth fel y cyfryw yn newid dim byd allanol – mae'n gwbl aneffeithiol ac nid yw darllen cerdd erioed wedi rhwystro neb rhag cael cansar – ond tra mae *o'i mewn* (*'while I use'*) y mae'n cael cwmpeini'r *'thee'*. Duw, yn fwy na thebyg yn achos Herbert. A hynny sy'n gwneud y gwahaniaeth. Felly drwy 'ddarllen' neu 'ymarfer' y stori grefyddol – Cristnogaeth yn fy achos i – yno mae Ef ac fe'm trosgynnir.

I'r niferoedd o grefyddwyr – niferoedd sy'n prysur droi'n lleiafrif yn y Gorllewin – cwbl annigonol yw'r 'ddealltwriaeth' hon o'r crefyddol. Mi wn hynny. 'Nid yw'n "wir", ddyn!' gwaeddant ar fy nhraws. Fy unig ateb yw na allant hwy 'brofi' dim o'u honiadau efo tystiolaeth allanol, ddiduedd ac empirig. Dim iot. Y maent hwy mor oddrychol â minnau. Swnio'n hyderus a wnânt. Rhethreg yn ymdebygu i 'ddadleuon' ydyw. Fedrwch chi ddim profi'r *Beibl* efo'r *Beibl*. Cred yr eglwysi yng Nghymru – mae'n obsesiwn gyda'r Eglwys yng Nghymru bellach efo pethau go salw fel *Messy Church*; 'Llanllanast' yw fy nghyfieithiad i – mai'r cwbl sydd ei angen i ddenu'r 'torfeydd' eto yw newid y cyfrwng ac fe 'ddylifant' i mewn. Nid y cyfrwng yw'r anhawster ond y neges ei hun. Euro'r rhisgl a wnânt, nid trin y rhuddin. Mae rhywbeth bellach yn 'amhosibl' am y neges oruwchnaturiol hon. 'Credu' rhywsut yn erbyn gwarchae'r ffeithiau a wneir. Ac y mae perygl i gred ddeallus a gwâr droi'n ofergoeliaeth ac yn rhywbeth sectyddol. Rhywbeth hysteraidd. Wyneb yn wyneb â'r neges honno *fel ag yr oedd*, collais i fy ffydd a bu bron imi yfed fy hun i'm bedd. Ond – go damia! – wedi'r 'colli' yr oeddwn yn dal yn 'grefyddol'. Nid fel mewn hiraeth wedi profedigaeth sylweddolais mewn sobrwydd (yn ei ddau ystyr) ond am fod y 'crefyddol' yn beth bywiol iawn, iawn ynof o hyd. (Mae'n werth 'colli' ffydd. A hanfodol hefyd.)

Wedi imi adael yr Eglwys, cofiais i'r 'crefyddol' ddod ar fy nhraws ddwywaith ond i mi anghofio hynny yng nghanol rwtsh-ratsh clerigiaeth. A 'chlerigiaeth' yw grym y person plwyf sy'n tra-arglwyddiaethu ar ei (ac *ef* ydyw) blwyfolion – y 'lleygwyr' fel y'u gelwir yn nawddoglyd, ac yno yn unig i dalu am y sioe anfforddiadwy bellach. Fe adwaenir y clerig oherwydd ei siwt ddu, ei goler gron, y teitl 'Y Tad' yn aml a'i ddysgeidiaeth gwbl ddogmatig a diwyro ac yn y bôn ddiflas a diddarfelydd. Mae gan y sectau ffwndamentalaidd eu fersiynau eu hunain, ond llathen o'r un brethyn ydynt. Eglwys glerigol iawn yw'r Eglwys yng Nghymru.

Fel hyn y bu. Arferwn yn fy llencyndod cynnar 'ddwyn' goriad Eglwys Sant Gwyndaf, Llanwnda – eglwys fy nhad – gan sleifio yno ar fy mhen fy hun a'm cloi fy hun i mewn.

Rhan amlaf ar nos Sul braf o haf. Y lle'n ddistaw, gynnes. Y
gronynnau llwch yn gryndod mewn llafn hytraws o oleuni.
Awn o'r gangell i'r gysegr a phenlinio yno ar bwys yr allor. Ac
fe ddeuai. Nid bob tro ond yn aml, yn ôl 'ei' fympwy.
Teimlad ydoedd o ffeindrwydd, o 'rywbeth' o'm plaid nad
oedd ynddo na dichell na ffrom. A chiliai. Ni wn, ni faliaf
ychwaith, ai ohonof fi fy hun y daeth ynteu o'r 'tu allan' i mi.
Rhyw broses yn yr ymennydd a ryddhaodd ei hun i'm
hymwybyddiaeth, neu 'ymweliad'. Pwy a ŵyr! Pwy falia!
Digwyddodd. Ond yr oedd gennyf enw yn barod i'w roi
'arno': 'Duw'. Ond nid oedd raid i'r profiad wrth yr enw
hwnnw. (Dylwn efallai ddweud yn y fan hyn nad yw'r gair
Saesneg *God* yn golygu fawr o ddim i mi.)

Nid oes gennyf fawr o awydd 'dehongli'r' digwyddiad
hwn. (Hwn oedd '*something understood*' George Herbert yn
ei soned '*Prayer*'; ac os ei 'ddweud' o gwbl yna '*Tell all the
truth but tell it slant*' fel yr awgrymai Emily Dickinson.)
Lleihau mae pob 'dehongliad'. Teimlaf bellach y dylem roi
heibio'r gair 'duw' a'i gloi yng nghwpwrdd distawrwydd am
gyfnod amhenodol, hwyrach am 'byth', gan fod pawb bron
yn meddwl eu bod yn gwybod 'ystyr' y gair hwn sy'n
gwrthod pob 'ystyr' – a'r rhan helaethaf o'r 'ystyron' honedig
hyn yn diferu, yn rhy aml, o drais. Dim ond cerddorion a
ddylai gael yr 'hawl' i'w 'ddefnyddio'. Medrwn 'ddweud',
mae'n siŵr, fod y profiad yna yn Eglwys Llanwnda yn bedair
ar ddeg oed wedi gwarafun i mi fyth wedyn 'gredu' mewn na
'barn' nac 'uffern' na'r 'athrawiaeth' gyfoglyd ac ysgeler
honno – 'Yr Iawn', lle mae 'duw' yn mynnu marwolaeth a
gwaed ei 'fab' cyn medru 'maddau' ein 'pechodau' – nid
'athrawiaeth' yw hon ond patholeg.

Y cwbl a ddywedaf – dyna'r 'crefyddol'. Distawrwydd
piau hi ar ôl hynny.

Wedyn hyn. Noson Gŵyl y Diolchgarwch oedd hi yn
Eglwys Llanymawddwy a minnau'r 'pregethwr gwadd', ys

dywedwyd. Wedi'r gwasanaeth a ffarwelio â phobl, eisteddais yng nghar yr ebrwyad i ddisgwyl amdano – nid oeddwn yn medru gyrru ar y pryd. Cofiaf i mi edrych ar y ffurfafen mewn ysblander clir, cefn gwlad a gweld y myrdd sêr. Efallai fod lleuad lawn ond nid wyf yn cofio. A daeth. Y teimlad y medrwn farw rŵan. Ond nid oedd arlliw o ofnadwyaeth ar ei gyfyl. Na dychryn ychwaith. Dim byd fel yna, ond ymwybyddiaeth o gyflawnder mawr a bod popeth yn olreit. Tybed a wnes i fwynhau gymaint awyrgylch Gymreig hollol Llanymawddwy gan rhywsut dreiddio i bresennol a gorffennol byw y fangre ac i hynny fy llonyddu yn fewnol nes peri i beth bynnag ddigwyddodd yn y car ar fy mhen fy hun ddigwydd? Be wn i! Ynteu a godwyd cwr rhyw liain gan adael i mi weld pethau fel ag y maen nhw go iawn am chwinciad ac mai fi mewn gwirionedd sy'n byw y tu mewn i rith? Drachefn, be wn i! Hyn eto oedd y 'crefyddol'. Ond y tro hwn nid oedd yr enw 'Duw' wedi cynnig ei hun. Daeth. Digwyddodd. Ciliodd.

Ond i beth y mae angen 'esboniadau' ac 'enwau' o hyd? Pam yr holl ddiffinio dianghenraid hwn? Roedd Morgan Llwyd yn llygad ei le ganrifoedd yn ôl pan ddywedodd: 'Oferedd yw printio llawer o lyfrau; blinder yw cynnwys llawer o feddyliau; peryglus yw dywedyd llawer o eiriau.'

Pam ydw i'n mwydro fy mhen efo geiriau bob munud? I beth? Rhywbeth ansad yw iaith. Does dim dichon ymddiried mewn geiriau. Mae rhywbeth yn disgyn drwy ogr geiriau o hyd: y 'peth' pwysicaf ran amlaf. Siomiant ydynt. Nid yw dweud 'Rydw i yn dy garu di' fyth yr un fath â'r cariad sydd rhwng dau. Bacha byns sydd gan eiriau yn wastad. Ond! – y mae digonedd o le mewn rhai geiriau i fedru dal – a 'dal' yw o, nid disgrifio na diffinio – ein dyfnderoedd. Ar y cyfan, geiriau crefyddol yw y rhai hyn, wedi eu profi ar einion profiadau pobl drwy gael eu *defnyddio* am ganrifoedd. Amgylchynu 'rhywbeth' a wna'r geiriau hyn fel y mae cerrig o'u trefnu'n grwn yn dangos cylch. Mae rhyw swildod yn perthyn iddynt gan eu bod yn 'gwybod' mai gweld drwy gornel eu llygaid a wnânt. Ac fe ddylai'r un lledneisrwydd fod yn eu defnyddwyr hefyd.

Ond ymlaen â fi â iaith! Petawn yn gorfod dewis ansoddair i ddisgrifio'r 'profiadau' hyn a'r 'crefyddol' yn gyffredinol yna 'prydferth' fyddai hwnnw. Prydferthwch sydd yn fy hydreiddio ac yn fy newid am gyfnod bach beth bynnag. Nid wyf yn hoffi'r polemig Cristnogol hwnnw 'Llyfr y Datguddiad' o gwbl. Ond cyfareddodd un adnod fi erioed ers pan oeddwn blentyn, a hon yw hi: 'A'r hwn oedd yn eistedd oedd yn debyg yr olwg arno i faen iasbis a sardin: ac yr oedd enfys o amgylch yr orseddfainc, yn debyg yr olwg arno i smaragdus.' Rêl Iddewon na fynnent wneuthur dim â'r haniaethol fel y Groegwyr ond â'r diriaethol, ac felly cawn Dduw fel gemau gwerthfawr. Yr estheteg o Dduw. Ei brydferthwch.

Fy hoff lyfr yn *Y Beibl* yw 'Llyfr Job'. Yn y nofel honno – a hawdd y gellir ei dirnad fel nofel – mae Duw yn colli'n rhacs yn erbyn Job. Problem poen yw swm a sylwedd y nofel: pam mae'r diniwed yn dioddef? Dim ond ni'r darllenwyr sy'n gwybod trywydd y plot a bod un o'r cymeriadau mwyaf diddorol, Satan, wedi darbwyllo'r cymeriad arall, Duw, i brofi ffyddlondeb Job drwy ddifa ei deulu a'i eiddo. Hen dric budr, wrth gwrs. Ond ni wŷr y cymeriad Job hynny. Mae ef mewn penbleth pam mae hyn wedi digwydd iddo yn gwbl anhaeddiannol. Daw cymeriadau eraill i'r nofel, ei 'ffrindiau' honedig: Eliffas, Bildad a Soffar, a rhyw gymeriad Elihu sy'n ymddangos fel o nunlle. Byrdwn y 'ffrindiau' ac Elihu yw ceisio 'esbonio' ei ddioddefaint i Job, ei 'ddiwinydda' ymaith ac felly 'gyfiawnhau'r' hyn sy'n amhosibl ei 'gyfiawnhau'.

(Nid yw llawer o ddiwinyddiaeth yn ddim byd amgenach na 'ffaldiraldiro', yn enwedig pan geisia diwinyddion 'esbonio' Swnami neu Auschwitz. Mae rhywbeth ffiaidd am yr 'esbonio' hwn. Ac ar y cyfan y mae diwinyddion yn ysgrifenwyr mor sâl.)

Ond nid yw Job am dderbyn unrhyw un o 'ddadleuon' y 'ffrindiau' ac Elihu. Yn gwrs, yr hyn a ddywed Job mewn gwirionedd wrthynt yw 'Ewch i'r Diawl!'. Y mae Job yn dal ei dir yn erbyn y cymeriad Duw.

A dyma mi gredaf un o fannau cychwynnol Hiwmanistiaeth fodern. Nid oes 'ateb' i ddioddefaint byth ac y mae 'atebion' o'r fath yn ychwanegu at y dioddefaint rhywsut. Felly Job sy'n cario'r dydd. Ef yw arwr yr awr ac un o arwyr mawr llenyddiaeth y byd. Pylu wrth ei ymyl y mae Duw. Cynydda ei arwriaeth ganwaith drosodd pan fynna gyfarfyddiad â Duw. Y mae yn awr o statws Promethiws yn dwyn y tân oddi wrth Sews er budd merched a dynion. Er budd pobun y mae Job yn mynnu'r cyfarfyddiad yma. Y mae ef yno ar ein rhan yn y nofel. A daw'r mawrion hyn at ei gilydd: Job a Duw. Ond y mae awdur y llyfr yn ddigon o lenor i beidio â rhoi 'atebion' yng ngheg y cymeriad Duw. Yn hytrach, yr hyn a rydd Duw i Job yw profiad esthetig mewn geiriau sydd wedi eu serio ar fy nghof ac sy'n tanio fy nychymyg bob tro, megis y rhai hyn: 'A aethost ti i drysorau'r eira? neu a welaist ti drysorau y cenllysg... A rwymi di hyfrydwch Pleiades? neu a ddatoi di rwymau Orion?'

Pethau tebyg iawn i'r *koan* mewn Bwdaeth Sen Rinsai, Siapan. Yno nid i beri rhesymu ond i ddeffro'r meddwl yn unionsyth i realaeth newydd a gwahanol. Erys y dioddefaint yn ei grynswth anatebadwy, ond ochr yn ochr ag ef a 'thrwyddo' ehed y prydferthwch, y profiad esthetig, hwn. Nid yw'r geiriau hyn yn 'ateb' dim byd. Nid ydynt yn lliniaru dim ar y dioddef ond rhywsut daw rhyw wahaniaeth 'od' i mewn. A hwnnw'n wahaniaeth prydferth. Fel pobl yn medru gwenu mewn angladd pan gofiant am rhyw ddigwyddiad hapus neu dro trwstan digrif ynglŷn â'r un sydd wedi marw.

Fel y mae darn o gerddoriaeth yn medru codi ysbryd – am ychydig – rhywun sydd wedi dioddef blynyddoedd o iselder. Fel y mae edrych ar luniau Marc Rothko yn medru mynd â fi allan ohonof fi fy hun bob tro, er efallai ar yr union adeg hwnnw fy mod yn teimlo'n gwbl ddiflas. (Gall cerfluniau Anthony Caro wneud yr un peth i mi.) Fel y mae llenorion mawr, Anthony Trollope, George Eliot a Kate Roberts yn fy achos i, ar foment y darllen yn medru fy symud i le arall yn fy mywyd. Lle dyfnach a lletach. (Darllenais frawddeg y dydd o'r blaen, ond nid ganddynt hwy, ond gan Raymond Chandler. Hon oedd hi: '*The swell is so gentle as an old lady singing hymns.*' Yr oeddwn yn wahanol wedi ei darllen.) Gwn am rywun sy'n teimlo fel yna ar ôl yr *X-Factor*. A beth sydd o'i le ar hynny ar wahân i snobyddiaeth ddiwylliannol? Nid dianc rhag rhywbeth yw'r profiad esthetig hwn ond trosgynnu. (Nid 'dianc' i lyfr y dylai rhywun ei wneud ond cael ei ddeffro gan y llyfr.) A hynny yw canol y 'crefyddol': y trosgynnol.

Un o'm pleserau yw jazz. Dro'n ôl deuthum ar draws dyfyniad gan Don Cupitt, *bête noire* y sefydliad eglwysig ers degawdau a 'phroffwyd' ar yr ymylon angenrheidiol ond un sy'n anhyglyw yng Nghymru – a dyna'r drwg yn ein gwlad, y diffyg dychymyg crefyddol sy'n ein hydreiddio: os nad yw'n 'eglwys' neu'n 'gapel' yna nid yw'n ddim. Dyma'r dyfyniad:

> *Jazz is music that has become post-historical, extempore, readily collaborative; art off the cuff. It sounds easy – but of course it calls for very considerable talent and training, and could perhaps have been invented only by an oppressed and culturally deprived people whose history had largely de-traditionalized them. We would be deceiving ourselves if we were to suppose that we could instantly shrug off our long training in European music and become as spontaneously creative as the great jazz*

musicians were. Similarly, I suggest that in order to get to the point at which we can become spontaneously creative religious thinkers and actors, we must first lose everything and have experienced the void. Before one can make a really fresh start, one must become poor in spirit, one must have entered nihilism, one must have lost one's past self, one must have lost everything. And, to be less rhetorical and more specific, this means above all that we must rid ourselves of all the platonic assumptions with which people still instinctively approach philosophical and (especially) religious questions. For example, people see religion as a way to gain some vital but presently hidden knowledge that brings happiness and will change their lives. This belief in ready-made enlightenment is harmful, because it makes people easy prey for gurus. Keep saying to yourself: 'There is no ready-made saving truth, and there is no person specially authorized to allow me access to it.

'Ie! Ie!' ddywedaf fi.

Rhywle yn y fan yna yr wyf fi erbyn hyn wedi blynyddoedd o grwydro a phoen. Mewn digartrefedd Cristnogol. A fedraf fy ngalw fy hun yn 'Gristion' mwyach? Medraf i ryw raddau gan mai y tu mewn i'r weledigaeth Gristnogol-Iddewig yr wyf yn dal i ddirnad pethau o hyd. Yno y mae fy nelweddau llywodraethol. (Hoffaf yn fawr ddisgrifiad Diarmuid MacCulloch ohono'i hun yn ei lyfr ardderchog a hynod ddarllenadwy, *A History of Christianity*: '*I would now describe myself as a candid friend of Christianity.*' Felly minnau. Medrwn ddweud yr un peth am fy mherthynas â Bwdaeth, nad wyf hyd yn hyn yn barod i ysgrifennu dim amdani.) Yn fwy o dramp nag o bererin. Gŵyr pererin i ba le y mae'n mynd. Nid yw tramp yn meddwl fod lle penodol i fynd iddo. Nunlle i'w 'gyrraedd'.

Dim ond 'yma' parhaol. 'Yma' yw fy ngwir gartref, nid 'rhywle arall'. Diléit y funud aur, y palmant, y gwrychoedd, y briallu a'r caeau gwag yw eiddo'r tramp ac wedi magu digon o 'driciau' i fedru 'mochel rhag y stormydd gor-aml. Teimlaf rhyw rwd bellach ar yr 'atebion' a oedd ar un adeg yn gyfarwydd i mi, tra erys y cwestiynau o hyd mewn gloywder.

I sawl un fe fydd hyn yn lle go 'salw' i'w 'gyrraedd' a hollol annigonol hefyd. 'Fan hyn wyt ti wedi'r cwbl! Nefi blŵ!' dywedir. 'A! Wel!' dywedaf yn ôl.

Ni fydd yn plesio'r 'efengylaidd-uniongred' o gwbl. Na'r anffyddwyr Cymraeg y gwn amdanynt ychwaith, oherwydd eu hangen hwy yw 'duw' yr 'efengylaidd-uniongred' er mwyn medru haeru nad yw'n 'bod'. Oherwydd 'diwinyddion' ceidwadol iawn yw anffyddwyr ar y cyfan.

Un o'm hoff ddyfyniadau, un y dychwelaf ato'n aml, yw hwn gan John Donne:

> *On a huge hill,*
> *Cragged, and steep, Truth stands, and he that will*
> *Reach her, about must, and about must go;*
>
> (*Satire 3*)

Temtasiwn sawl un erioed, mewn sawl maes – nid diwinyddiaeth yn unig! – fu rhuthro i fyny'r bryn a chipio'r 'gwir' a'i lwyr feddiannu, gan weiddi 'Dyma fo!' a chan amlaf bastynu rhywun arall ag ef. Bûm i fel yna, efallai, unwaith – nid oes neb mwy anoddefgar na rhyddfrydwr. Rhywbeth i edrych i fyny 'arno' – neu 'arni' yn unol â Donne – yw Gwirionedd, nid i'w berchenogi. A gwaeth – ei hwrjio ar rywun arall. O wneud hynny, ni ein hunain a gawn wedyn, nid Gwirionedd. Talch yn unig o ffenestr liw Gwirionedd yw'r gair 'Duw'.

Bellach, un sy'n troi mewn cylchoedd wyf fi a'r gair 'Duw' fel carreg yn fy esgid na fynnaf fyth fod hebddo. A bryn Donne yn fan'cw yn y pellter dan gaddug. Ond ambell dro…

Efallai, cyn diweddu, y dylwn ddweud rhywbeth am yr Eglwys yng Nghymru – fel y gwelais i hi! Mae hi'n drybeilig o anodd i unrhyw un sydd ag owns o greadigrwydd ynddo neu ynddi fyw'n ddedwydd y tu mewn i unrhyw sefydliad. Yn hwyr neu'n hwyrach daw gwrthdaro. Pur anaml y gwelir rhywun creadigol ymhlith arweinyddiaeth yr Eglwys. Os y cyrhaedda un yr 'uchelfannau', yna buan iawn y nychir ef gan y 'statws cwo'.

Dyma, mi gredaf, sydd wedi digwydd i'r bardd ysgolheigaidd Rowan Williams yng ngharchar archesgobyddiaeth Caergaint. Roedd rhywun di-fflach fel ei ragflaenydd, George Carey, yn siwtio'r job yn iawn. Prif ddiben sefydliad bob amser yw gwarchod a diogelu'r sefydliad ei hun.

Felly yr Eglwys yng Nghymru. Nid yw o ddifrif ynglŷn â diwygio ei hun. Cafodd gyfle ar ôl cyfle ond aeth pob un i'r gwellt, yn bennaf am nad yw'r awydd yno. Yr hyn a anghofir yn aml amdani yw mai ystol gyrfa yw hi. Mae esgob yn esgob am oes. Felly hefyd pob swydd arall o'i mewn. Ac archddiacon a deon â'u llygaid yn wastad agored am esgobaeth 'wag'. Dynion – ac ar y cyfan dynion ydynt hyd y dydd heddiw – sydd wedi chwarae eu cardiau yn iawn yw'r arweinwyr. Mewn geiriau eraill nid ydynt erioed wedi troi'r drol sefydledig. Hwyrach bod ambell arweinydd 'o blaid' – beth bynnag yw ystyr hynny – hoywon, yn enwedig felly os bydd camera teledu o gwmpas. Ond pan ddaw cyfle i 'ddyrchafu' un o'r offeiriaid hoyw hyn i'r esgobyddiaeth, dyweder, ac y byddai gwneud hynny'n peryglu'r sefydliad, yna naw wfft i unrhyw egwyddor. 'Cadw undeb eglwysig' y gelwir y brad hwn gyda llaw.

Y mae'r sefydliad yn llawn dop o fwytheiriau fel yna. Hyn fu hanes y Cymro Cymraeg Jeffrey John, deon presennol St Alban, sydd wedi 'colli' o leiaf ddwy esgobyddiaeth oherwydd ei onestrwydd am ei hoywder a'i fod mewn perthynas sifil. Y mae digonedd o hoywon wedi cael eu dyrchafu ar hyd y bedlan yn yr Eglwys ond eu bod wedi cau eu cegau a rhai ohonynt yn byw mewn ofn. Fel y dywedodd un sylwebydd yn ddigrif iawn yn y *Guardian* yn ddiweddar: '*There are plenty of non-openly gay bishops, of course – so deep in the closet, it is said, that they are almost in Narnia.*' Mae rhywbeth mewnol am yr Eglwys sydd yn medru denu cyfartaledd uchel o hoywon.

Ond ar yr un pryd y mae dogn helaeth o anonestrwydd yng nghrombil y sefydliad eglwysig. Bryntni anhygoel yw ymdriniaeth yr Eglwysi Anglicanaidd o'u hoffeiriaid hoyw yn yr ynysoedd hyn. A'r cyfan ohono wedi ei sylfaenu ar hen ddiwinyddiaeth hesb y dof ato yn y man. Cofiaf longyfarch rhywun ar ei ddyrchafiad i brif swydd yn yr Eglwys. Dywedodd wrthyf ei fod mewn 'sioc'.Y gwir plaen ydoedd mai'r 'sioc' fyddai pe *na* bai wedi cael y swydd. Mae rhywbeth cwbl afiach am hyn i gyd. Golyga'n aml fod uchelgais bersonol yn cuddio ei gwep y tu ôl i'r ymadrodd 'ewyllys duw'.

Nid wyf yn meddwl fod a wnelo 'duw' fawr â'r un dyrchafiad eglwysig. Golyga hefyd fod unrhyw ymgais i newid y system yn cael ei thanseilio gan yr uchelgais hwnnw. 'Y sefydliad ar bob cyfrif!' yw gwir arwyddair yr Eglwys yng Nghymru (fel sawl sefydliad arall wrth gwrs!). Offeiriad 'llwyddiannus' yw'r un sy'n medru talu 'cwota' ei blwyf. Y 'cwota' yw'r arian – pur sylweddol ac allan o bob rheswm bellach – y disgwylir i blwyfi ei anfon i'r esgobaeth er mwyn cynnal y sefydliad. 'Rhoi i dduw' y gelwir hyn, wrth gwrs! Ond y mae hynny'n mynd yn fwyfwy anos i'r plwyfi. Nid yw'r 'niferoedd' yno erbyn hyn i'w dalu. Hyn yn fwy na thebyg fydd 'cwymp' y sefydliad yn y diwedd. Ond y mae pob sefydliad yn beth gwydn iawn. A bydd yn canfod ffordd o oroesi rhywsut neu'i gilydd – arian neu beidio. Nid oes neb na dim mor giwt â sefydliad: mae'n medru newid ei ddillad a galw ei hun wrth enw arall a chogio newydd-deb ond yr un un ydyw.

Nid oedd y ffasiwn le yn dir âr i unrhyw greadigrwydd. Y theatr Gymraeg a gafodd fy nghreadigrwydd i, nid yr Eglwys. Roedd bod ynddi ambell dro yn brofiad tebyg iawn i fwyta papur. O'i mewn bellach y mae 'brain drain' – rhywbeth a ddylai boeni'r arweinyddiaeth yn enfawr. Y mae nifer o resymau sylweddol am hyn ond un ohonynt yw ei diffyg affwysol i feithrin creadigrwydd. Nid yw pobl o grebwyll – gydag ambell eithriad – yn cynnig eu hunain i'w gweinidogaeth. Gwrandewais ar sawl pregeth a dymuno mynd o dan y sêt. (Mae hynny'n arbennig o wir am yr ochr Gymraeg.) Nid oes ynddi feiddgarwch diwinyddol. Y cwbl a geir yw rhaffu ystrydeb ar ôl ystrydeb. Paldaruo hen ddogmâu y gŵyr y gymdeithas achlân yn reddfol nad ydynt mwyach yn dal dŵr o gwbl. Dogmâu y mae'n rhaid cael cosmoleg Ptolemy i'w cynnal fel petai Einstein erioed wedi bod, heb sôn am Newton.

Y mae'r syniad o 'dduw' wedi newid rhwng 1900 a 2012: gŵyr pawb hynny ond yr Eglwys. Nid yw Darwin, Marx, Nietzsche, Freud, y Somme, Auschwitz, Hiroshima yn mennu dim ar feddylfryd yr Eglwys yng Nghymru. A hynny yw'r peth, debygaf fi: fod y posibilrwydd o 'Dduw Hollalluog' wedi erydu gymaint yn ein plith yn y gymdeithas Orllewinol gyda threigl amser ac am nifer fawr o resymau – rhai o'r rhesymau hynny ymhlith yr enwau yn y frawddeg flaenorol – er, efallai, nad ydym yn gwbl ymwybodol pa mor bell y mae'r erydu wedi ei gyrraedd. Ac nid am 'ddeallusion' yr wyf fi'n sôn, ond am bobl 'gyffredin' na chlywsant erioed am enw Feuerbach. Y mae gan sawl esgobaeth Waredydd (*Exorcist*) – rhag ofn fod yna bwci-bo yn eich tŷ! A gwasanaethau 'iacháu': gan honni felly y medr 'ymyrraeth oruwchnaturiol' gael gwared â chansar! Er i mi weddïo o Sul i Sul yn ôl y drefn litwrgïaidd – a gwneud hynny'n raslon – dros y rhai a oedd yn ddifrifol wael, rhai ohonynt yn annerbyniol o ieuanc, buont i gyd farw.

Honno oedd y ffaith ddiymwad ac ysgeler y gorfu i mi fyw gyda hi. Aeth fy ymennydd i un cyfeiriad a'm calon i'r cyfeiriad arall. Nid yw'r byd cyfoes yn medru caniatáu'r 'gwyrthiol'. Nid yw'r rhagdybiaethau angenrheidiol yno fel y buont yn y Canol Oesoedd, dyweder. Ond cadw pobl mewn ofergoeliaeth ddigwestiwn ac anfeirniadol y mae pethau fel hyn, nid eu galluogi i holi cwestiynau dilys a da a pherthnasol, megis beth yw ystyr crefydd bellach mewn byd ôl-Einstein a'r anianeg ddiweddaraf. Nid yw'n galluogi pobl i brifio'n grefyddol.

Yn yr ysgolion Sul a'r gwasanaethau i blant dysgir pethau y bydd addysg TGAU y plant hynny yn eu chwalu'n yfflon. Nid oes yr un llyfr crefyddol ar gyfer plant yn y Gymraeg sy'n cymryd o ddifrif y datblygiadau gwyddonol a diwylliannol diweddar. Pedlera'n lliwgar yr hen fythau a wneir rhwng y cloriau. Ar sawl ystyr, awyrgylch *crèche* sydd yn yr eglwysi, nid awyrgylch beirniadol prifysgol.

Wrth fynychu eglwys mae'n rhaid i'r ymennydd fagu rhyw lun ar sgitsoffrenia rhwng y math o ddealltwriaeth grefyddol a gynigir yno (a'r bydolwg sy'n gysylltiedig â hynny) a'r byd gwyddonol a thechnolegol y mae'n byw ynddo y gweddill a'r rhan fwyaf o'r amser. Ar y pafin y tu allan i'r addoldy y mae'r unigolyn ym myd Perthynoliaeth (*Relativity*) Einstein a'r eiliad nesaf o gamu dros y rhiniog cenfydd ei hun yng nghosmoleg Dante. Mewn chwinciad y mae'n gadael yr unfed ganrif ar hugain ac yn cyrraedd y Canol Oesoedd fel rhyw Ddocdor Who. Ond mai teledu yw Docdor Who. Nid wyf fi'n wyddonydd o gwbl, ond gallaf weld yn lled glir beth sy'n digwydd: bellach gwyddoniaeth sy'n arwain a diwinyddiaeth yn dilyn pan y medr ac os y medr, yn fyr ei gwynt. Nid fel yna y bu pethau ynghynt pan yr oedd diwinyddiaeth yn gosod y rhaglen. A hynny yw'r chwyldro mawr, gan fod gwyddoniaeth gyfoes yn mynd rhagddi heb unrhyw angen am 'dduw' fel esboniad am bethau. Y mae'r caneri diwinyddol 'uniongred' a thraddodiadol yn tagu yn nwyon yr anianeg ddiweddaraf. Hyd yn hyn nid yw'r Eglwys wedi dirnad enfawredd y chwyldro hwn – neu efallai ei bod ac yn cuddio mewn hunan-dwyll. Bodola'r Eglwys yng Nghymru mewn drychfeddwl o'r byd nad yw bellach yn bod. Mewn geiriau eraill, mae'n byw mewn rhith gan siarad â hi ei hun. Ond y mae'r sefydliad angen y ddiwinyddiaeth annilys hon er mwyn ei barhad. Annatod yw'r sefydliad a'r ddiwinyddiaeth.

Rwyf fi erbyn hyn allan ohoni ers tair blynedd a mwy a'r hyn sydd wedi fy rhyfeddu yw pa mor amherthnasol yw hi i drwch pobl Cymru. Pan oeddwn o'i mewn tybiais ei bod yn allweddol iddynt. Ond dyna sy'n digwydd o gau eich hun mewn sefydliad: medr roi'r argraff i'w ddeiliaid ei fod yn gwbl, hollol anhepgorol. Rhywbeth ymylol iawn ydyw yn y Gymru gyfoes.

Y mae yn byw y tu mewn i hunan-dwyll anferthol. Nid oes neb yn adnabod hunan-dwyll yn well nag adict. Medraf ei ogleuo filltiroedd i ffwrdd. Cofiaf fod mewn gwasanaeth 'pwysig' yn y Gadeirlan ym Mangor. Yno roedd gŵr a gynrychiolai sefydliad arall yn y ddinas honno – gŵr y gwyddwn i mai anffyddiwr ydoedd ond a oedd yn y gwasanaeth yn rhinwedd ei swydd. Yr oedd yn wasanaeth echrydus: y côr yn dadfeilio wrth geisio canu, y bregeth yn llanast o'i dechrau i'w diwedd, y gwasanaeth ei hun yn ffurfiol, oeraidd. Heb os, aeth y gŵr hwnnw o'r gwasanaeth wedi ei lwyr gadarnhau yn ei anffyddiaeth. Nid agorwyd hyd yn oed gil drws bychan, bychan iddo a allasai beri iddo feddwl fod gan y crefyddol, efallai, ryw berthnasedd i'r unfed ganrif ar hugain.

Digwyddodd rhywbeth arall yn y gwasanaeth hwnnw.

Gofynnwyd i'r gynulleidfa sefyll cyn cychwyn y gwasanaeth. Pam? Oherwydd *'the Lord Lieutenant, the representative of Her Majesty the Queen is present'*. Ym Mangor! Hyn! Er bod yr Eglwys yng Nghymru wedi ei datgysylltu mor bell yn ôl â 1920, y mae ei meddylfryd o hyd yn un sefydliedig Saesnig. Rhywun annoeth iawn, iawn a fyddai'n ymddiried yr iaith a'r diwylliant Cymraeg i'r Eglwys yng Nghymru. Nid oes ganddi syniad beth sy'n digwydd yn y Gymru Gymraeg. Bûm i mewn sawl 'ysgol haf' a chyfarfodydd eraill yn esgobaeth Bangor a meddyliais droeon mai yn esgobaeth Birmingham yr oeddwn.

Mae ganddi bolisi dwyieithog – wrth gwrs fod ganddi; onid oes gan bawb! – ond dogfen i'w chwifio o gwmpas y lle yw hon yn y bôn. Eglwysi *ex-pats* yw nifer o'r eglwysi erbyn hyn. Gwir ystyr dwyieithrwydd yw un emyn a darlleniad Cymraeg a'r gweddill yn Saesneg. Y mae datganiad gŵr blaenllaw yn esgobaeth Bangor dro'n ôl wedi ei serio ar fy nghof: *'I'll say this in English because it is important.'*

Wedi fy nghyfnod yn yr Eglwys gallaf ddweud yn ddiysgog: nid yw dwyieithrwydd yn gweithio. Colli mae'r Gymraeg ar bob gafael y tu mewn i 'ddwyieithrwydd'. Ar y cyfan niwsans yw'r Gymraeg i'r Eglwys. *'The Welsh problem'* fel y dywedir yn aml. Nid wyf yn siarad ar fy nghyfer. Mi wn! Roeddwn yna am ddwy flynedd ar hugain. Nid oes ynddi ddirnadaeth o Gymreictod. Nid yw i weld yn deall y diwylliant. A yw'r arweinyddiaeth yn darllen llyfrau Cymraeg, yn gwrando ar gerddoriaeth Gymraeg, yn dilyn Radio Cymru ac S4C, yn darllen *Golwg* neu *Barn* er mwyn medru mynd dan groen pethau? Yn ei hymwneud â ni y mae rhywbeth sy'n sawru o'r *colonial*. Methiant cenhadol yw ei hagwedd tuag at y Gymraeg.

Pan oeddwn ym Mhorthmadog arferwn dderbyn darlleniadau'r Sul o'r swyddfa yng Nghaerdydd. Darlleniadau yn y ddwy iaith. Ond un dydd y fersiwn

Saesneg yn unig a gyrhaeddodd. Ffoniais i Gaerdydd i roddi gwybod iddynt am eu camgymeriad. Ond nid camgymeriad ydoedd! Roedd y 'polisi' wedi newid. Y fersiwn Saesneg a anfonid allan fel rheol ac oes oedd arnoch angen y fersiwn Cymraeg roedd yn rhaid i chi ofyn amdano. Pa feddylfryd ond un Seisnig a fyddai wedi meddwl fel hyn? Ac anfon stwff Saesneg i Borthmadog! Nid yw'r Eglwys yng Nghymru yn effro i'r Gymraeg o gwbl.

'Ateb' yr Eglwys bob tro yw beio'r Cymry. Nid ydynt yn cynhyrchu offeiriaid. Nid ydynt mor 'hael' yn eu rhoi ariannol â'r Saeson. Y sefydliad sydd yma eto'n siarad a'i awch i oroesi doed a ddelo. A'r ddau beth cwbl angenrheidiol i gynnal y sefydliad yw: offeiriaid ac arian! Dychwelaf at y creadigol. Nid oes ynddi'r dychymyg i feddwl am ffurfiau eraill ar wahân i'r 'statws cwo' ar gyfer y Cymry. Ond byddai'r dychymyg hwnnw'n codi o'i dirnadaeth sensitif a deallus o Gymreictod cyfoes. Dirnadaeth, sensitifrwydd a deallusrwydd nad ydynt yn bodoli o'i mewn.

Edrychaf yn ôl arni bellach mewn cymysgedd o hiraeth, dicter a diolchgarwch.

Hiraeth, am i mi yn fy mlynyddoedd cynnar, beth bynnag, deimlo'n gwbl ddiogel y tu mewn i'w muriau. Nid am ddim byd y gelwir hi 'Yr Hen Fam'.

'Y Flwyddyn Eglwysig' a roddodd i mi fy nealltwriaeth o amser. Nid cloc. Teithiai fy mywyd o Adfent i Adfent. Yr Adfent: tymor y disgwylgarwch a'r edrych ymlaen. Y Nadolig a'i oleuni a'i rialtwch yn nhwll y gaeaf. Yr Ystwyll a'i ymdeimlad o rywbeth byd-eang, *catholig* ac enfawr. Y Garawys: cyfnod yr hunanymholi i ddidoli fy mywyd a'i drugareddau. Dydd Gwener y Groglith ar ei ben ei hun du, y medrwn yno osod mewn anneall pob anghyfiawnder a welwn a phob marwolaeth annhymig heb ddisgwyl 'atebion' slic a dwl a thaclus a sarhaus. Y Pasg a roddai yng nghanol clystyrau o gennin Pedr a thrydar adar eto yr ymdeimlad llydan nad oedd dim fyth yn mynd ar goll. Y Dyrchafael a oedd rhywsut yn medru dweud bod ddoe, heddiw ac yfory yn llifo'n ddi-baid yn ôl ac ymlaen i'w gilydd. Y Drindod: y tymor hir hwnnw a gynhwysai'r haf, a'i ddirnadaeth ein bod yn ddwfn berthyn i'n gilydd: ein harwahanrwydd a'n tebygrwydd yn cydblethu. A'r Adfent wedyn yn ôl. Cawellodd 'Y Flwyddyn Eglwysig' fy myd.

O'i mewn, rhod oedd amser nid bwrn. Rhyw ddawns ydoedd nid rhywbeth yn martsio ymlaen yn ddidostur. Efallai mai dyma un o ganlyniadau mwyaf colli'r crefyddol: mai rhywbeth sydd yn ein herbyn – wele'r ymadrodd 'yn erbyn y cloc' – bellach yw amser nid gwe yr ydym yn rhan ohono. Teyrn, nid y treigl blaenorol.

Dicter? Cadwaf hwnnw i mi fy hun.

A'm diolchgarwch iddi? Er ei hymwneud alaethus â'r Gymraeg, hi a agorodd y drysau led y pen i mi ar drysorau fy iaith. O Sul i Sul fe'm trochwyd yng Nghymraeg *Beibl* William Morgan a *Llyfr Gweddi Gyffredin* William Salesbury. Yno y clywais rythm cystrawen brydferth. Yno y dysgais eirfa. A hyd y dydd heddiw rhywbeth i'w chlywed yw iaith i mi nid i'w darllen.

Ond nid gwychder yr iaith Gymraeg yn unig a roddodd i mi. Dangosodd hefyd yr hyn yw iaith. Llatai ein hanfodion ydyw. Negesydd o'n dyfnderoedd ac nid rhywbeth 'iwtalitaraidd' i'n galluogi i brynu a gwerthu ac enwi nwyddau. Cyfalafiaeth – fel eidioleg – yw pennaf ddinistriwr yr iaith Gymraeg nid Seisnigrwydd – symtom o'r gyfalafiaeth waelodol yw Seisnigrwydd. A diléit cyfoglyd cyfalafiaeth yw elw a mwy o elw a mwy fyth ac nid pobl. Yr un peth yn y bôn yw dinistrio'r iaith Gymraeg a dinistr y Goedwig Wlaw. Os wyf yn casáu unrhyw beth â chas perffaith, cyfalafiaeth eidiolegol yw hwnnw. Nid wyf yn deall sut y medr unrhyw Gymro neu Gymraes fod yn Dori – plaid genedlaethol Lloegr! plaid cyfalaf a phlaid braint – mae'r peth y tu hwnt i'm dirnadaeth. Fy iaith ydwyf fi. Y mae dinistrio iaith yn golygu difa'r siaradwr ar yr un pryd. Nid yw rhai – gormod! – i'w gweld yn sylweddoli hynny.

Rhywbeth ysbrydol yw iaith. Gŵyr y crefyddol hynny'n reddfol. Ynganu 'ei' greadigaeth i fodolaeth a wna duw Genesis. Gwahoddir Adda yn un o'r storïau hyfrytaf i enwi'r creaduriaid fesul un ac un, oherwydd bod enwi yn gyfystyr â hunaniaeth. Heb enwi, tryblith sydd yna – cowdal. Y 'Gair' yw'r 'mab'. O du Islam y mae'r Coran a'r Arabeg yn annatod. Rhywbryd yn fy maboed yn Eglwys Sant Gwyndaf Hen, Llanwnda mae'n rhaid fod hyn wedi dechrau ymdreiddio'n dawel fel dŵr o dan ddrws i mewn i mi. Nid yw erioed wedi fy ngadael.

Er na feddyliais ar y cychwyn wneuthur hynny, byddai rhywbeth ar 'goll' pe na bawn yn sôn am fy mherthynas ag Ymneilltuaeth. Os gwir dweud, tueddaf i weld Ymneilltuaeth drwy sbectol aur. Wesla oedd Mam ac er iddi droi'n eglwyswraig bybyr iawn, Wesla oedd hi erioed. Ysbryd ymneilltuol a'i meddiannai. Nid oedd hi'n ffafrio unrhyw 'awdurdod'. Yn fy nain – mam fy mam –y gwelais y difrïo hwn ar awdurdod gryfaf. Cofiaf iddi ddweud iddi ateb y ffôn un tro pan oeddem ni allan – tipyn o gamp iddi hi gan ei bod yn 'ofni' technoleg newydd (bryd hynny!) o'r fath – gan ddweud wrth fy nhad mai'r esgob oedd ar y pen arall. 'Be gal'soch chi o?' oedd cwestiwn cyntaf a siort fy nhad. 'Mr Williams!' atebodd hithau er mawr sioc iddo. 'Fy Arglwydd Esgob' oedd y cyfarchiad cywir, wrth gwrs. Er nad oeddwn fawr o oed cofiaf ryfeddu at yr 'haerllugrwydd' powld hwn. Hynny, efallai, oedd fy nghyflwyniad cyntaf i rywbeth hanfodol y tu mewn i Ymneilltuaeth: drwgdybiaeth o 'awdurdod', boed 'esgob', 'feibl' neu 'lywodraeth'. Adroddodd Tilsli hanes y digwyddiad hwn ag arddeliad yng nghynhebrwng fy nain. A minnau'n wyth oed.

Ar yr aelwyd yn y ficerdy yn Llanwnda byddai gweinidogion Ymneilltuol yn galw'n gyson. Teimlais bryd hynny a rŵan eu bod yn llawer agosach atoch na phersoniaid. Hawdd iawn eu parodïo a'u dynwared, efallai, mewn 'drama' neu 'sgets', ond anwyldeb a deimlaf bob tro wrth feddwl am y mwyafrif ohonynt. Nid oedd min uchelgais ar eu cyfyl fel ag yr oedd mewn sawl ficer. Berwai fy ngwaed pan glywn rhyw gyw-prentis o berson yn dweud nad oedd eu gweinidogaeth yn 'ddilys' oherwydd nad oeddynt wedi eu hordeinio drwy'r dull esgobol.

Er bod sawl capel yn ymdebygu i barlwr ffrynt bwrdeisaidd o'r ganrif cyn y ddiwethaf a'r sêt fawr yn 'bwy-yw-pwy' o'r dosbarth canol Cymraeg, rhoddodd moelni'r capel i mi ddirnadaeth grefyddol o'r 'Gwacter' hwnnw y dirnadaf 'duw' ynddo a thrwyddo.

Dirnadais 'hanfodion' Ymneilltuaeth mewn dau gwrs coleg. Y naill ydoedd cyfres o ddarlithoedd yn yr Adran Gymraeg ym Mangor gan Dr Derec Llwyd Morgan – 'Dychymyg y Methodistiaid Cynnar'. Erys y darlithoedd hyn fel y profiad academaidd mwyaf a gefais erioed. Yr oeddwn yn byw o ddarlith i ddarlith. A'r llall oedd cwrs 'Hanes Crefydd yng Nghymru' gan Dr J. Gwynfor Jones tra oeddwn yn Llandaf a phrifysgol Caerdydd – cwrs a sgleiniai yng nghanol addysg ddiwinyddol bŵl. Rhoddodd y ddeubeth hyn ddealltwriaeth o'r hyn a welais yn Mam a Nain.

Tybiai nifer y byddwn un diwrnod yn troi fy nghôt. Ond ni wneuthum er i hynny groesi fy meddwl fwy nag unwaith. Y rheswm pennaf yn y bôn oedd fy 'nirnadaeth' o'r sagrafennol: y cymun yn bennaf. Er fy amheuon lu, nid wyf erioed wedi medru derbyn mai 'coffâd' yn unig yw'r cymun. Mae rhywbeth wedi 'digwydd' i'r bara a'r gwin yn ystod y ddefod. Ac y mae oblygiadau hynny yn ymdreiddio i'r diffiniad o 'eglwys'. (Clywaf ambell waith fy hun yn dweud o hyd: 'Hwn yw fy ngwaed o'r cyfamod newydd a dywelltir drosoch a thros lawer. Gwnewch hyn gynifer gwaith yr yfwch ef er cof amdanaf.' Y cwpan anweledig o hyd yn codi'n araf drwy'r geiriau yn fy nghof, ei fflach arian yn y goleuni nad yw'n bod. Sentiment ynteu rhywbeth mwy parhaol sy'n gwrthod gadael?) Hwyrach y gwêl nifer fawr yn y 'byd seciwlar' fod y ddealltwriaeth *arcane* hon bellach yn rhywbeth pur od. Ond fel yna y mae. A hwyrach y medr yr ymneilltuwyr/wragedd edrych arnaf fel un ohonynt hwy na fu erioed yn rhan o'u rhengoedd. Yn rhyfedd ddigon cyfrol R. Ifor Pari *Ymneilltuaeth* a ddarllenais y noson cyn fy ordeinio yn offeiriad Anglicanaidd.

Loes i mi yw gweld trai, di-droi'n-ôl, ddywedwn i, Ymneilltuaeth Cymru. Er! – syniad yw 'Ymneilltuaeth' ac nid yw syniad fyth yn marw.

Yn drybola drwy fy mywyd a'm byd y mae gwrthddywediadau. Felly y dymunaf bellach iddynt fod. Gwrthddywediadau sydd yn rhoddi i feidroldeb ei asbri a'i gelfyddydau.Yno yn unig y medr y dychymyg ffynnu. (Ni fydd llenyddiaeth mewn unrhyw 'nefoedd'. Dim ond rhyw weld clir, diddelwedd, a diflas yn y 'diwedd', heb yr ymgodymu parhaol ac anghenrheidiol sy'n nodweddu pobl. Rhywbeth i 'fyd y cwymp' yw llenyddiaeth a'r celfyddydau eraill. Cadwch fi draw o unrhyw 'nefoedd'!) Rhan annatod o'r dychymyg hwnnw i mi yw'r 'rhywbeth' y mae'r ogof-air 'duw' yn ceisio'n wastad ei ddal ac yn ddi-ffael ei ollwng o'i afael. Rhwng y 'dal' a'r 'gollwng' y daw'r crefyddol i'w anterth.

Ambell dro – ond yn anfynych – daw mannau o gynghanedd i'm byd. Un o'r mannau hynny yw'r *'Benedictus'* ym *Missa solemnis*, Beethoven, ymhle y mae'r fiolin yn chwarae hwnt ac yma rhwng y lleisiau a'r geiriau, diflannu ac ailddychwelyd eto. Edau nodau'r offeryn yn diferyd yn dyner o'r Trosgynnol. A phryd hynny gwelaf. Dirnadaf 'Rhywbeth'.